The Leadership of the fourth Dimension

夢をかなえるリーダーシップ

四次元の人の7シークレット

ホン・ヨンギ著

トランスフォーメーション・グロース

プロローグ

四次元の霊性を発揮するリーダーシップの力

神様が私に下さった使命の一つは、教会指導者たちの霊性とリーダーシップを開発することです。この使命のために、私は今まで国内外の教会や神学校などで、数千回にわたって講義をしてきました。人々に神様のみことばを伝えるうちに、私はチョー・ヨンギ師の四次元の霊性ほど、シンプルで深く、力のある霊的な原理はないことを知りました。神様の考え、信仰、夢、言葉というソフトウェアを私たちの人生に作動させるとき、私たちの人生は根本的に変えられ、奇跡的なみわざが起こるのです。

私はこれまで、神様に用いられている霊的指導者や卓越した教会指導者たちに会い、リーダーシップの研究をしてきました。彼らに会うたびに感じることは、経済的能力や学歴の高さよりも、彼らの考え、信仰、夢、そして言葉が、ほかの人々とは違うということです。たとえ彼らが四次元の霊性について聞いたことがなかったとしても、彼らはすでに霊的な原理を適用しているのです。

今回、この四次元の霊性の原理を、キリスト教のリーダーシップに適用して、一冊の本を記しました。この本に流れるすべての思想は、私の霊的な父であり、霊的なメンターであるチョー・ヨンギ師の霊性とリーダーシップから影響を受けたものです。私の人生と働きに大きな影響力を与えたチョー・ヨンギ師に深く感謝します。

私には夢があります。それは、全世界の指導者たちが四次元の霊性で自分自身の霊的リーダーシップを開発し、教会がリバイバルするという夢です。四次元の霊的リーダーシップは、七つの原理で構成されています。それは、自画像の変化、現在を楽しむ情熱、信仰の三重武装、心の空の夢、四次元の言葉、聖霊の御声への従順、そして

プロローグ

四次元の霊性を発揮するリーダーシップの力

らせん状に上昇する自己開発と訓練です。

特にリーダーシップの開発において大切なことは、自己開発と訓練です。いくら四次元の霊性に関する本をたくさん読んでも、くり返し訓練して実践していかなければ、何の役にも立ちません。

この本に出てくる七つの原理と適用は、個人だけでなく、小グループでテキストとして活用していくと、より大きな効果が期待できるでしょう。この本はリーダーシップを開発することを願っている、すべての教会の牧会者と信徒リーダーのための本です。この本を読む皆様に、神様の恵みがあふれますようお祈りします。

これから四次元のリーダーシップの世界に、皆様をご招待します。

二〇〇七年九月

ホン・ヨンギ

CONTENTS

目次

はじめに

四次元の霊性とリーダーシップが出会った

目に見えない世界

私たちの世界には、目に見えない霊的世界があります。シンディ・ジェイコブス師が書いた『スーパーナチュラルライフ（The Super-Natural Life）』（邦訳未発売）という本には、このような例がたくさん記されています。この本の中で、主婦であった著者は神様から導かれ、神様の働き人として変えられていきます。その過程でさまざまな話が出てきますが、中でも驚くべきことは、彼女が天使に会ったという体験です。

ある日、シンディは集会を導くために、ベネズエラに行くことになりました。夜十時に現地の空港に着きましたが、迎えに来ているはずの人の姿が見えません。シンディは焦りましたが、電話をかけようにも両替所が閉まっており、どうすることもできません。困っていると、ベネズエラ人の男性が近づいてきてこう尋ねました。

「こんばんは。シンディ・ジェイコブスさんですね？」

「はい。そうです」と彼女が答えると、彼は「私たちはＶＩＰを案内するために来ました」と言って、シンディに一枚のテレホンカードを渡したのです。シンディは電話をして無事に問題を解決した後、彼の名前を聞いてみました。

「ルイスと言います。天から来ました」

彼はそう言って、空を指差してほほ笑んだのです。そのときシンディは、神様が自分に天使を送ってくださったのだと気付きました。そして男性の方に視線を戻すと、もうそこには誰もいませんでした。

シンディ・ジェイコブス師は、それ以外のいろいろな経験をもとに、天使の存在を力強く主張しています。九・一一テロ事件の直後、アメリカでは週末にとりなしの祈りの集会が開かれました。国家的な災害に大勢の人が悲しみ、祈っていたとき、突然彼女の霊の眼が開かれました。そして、祈り会を導いている牧師の後ろに身長六メートルくらいの天使が立っているのが見えました。その天使は頭に冠をかぶり、手にはたいまつを持って、全身がアメリカの国旗で覆われていました。そして、牧師がアメリカの各州に聖霊の火を下さいと祈ると、手に持っていた聖霊のたいまつを、祈っている州に投げて火を起こしました。シンディ・ジェイコブス師はこれを見て、天使が私たちと協力して、聖霊様の働きを手伝うのだということを悟りました。

私たちの目には見えませんが、霊的な世界は確かにあり、そこで常に天使が私たちを守っているという事実を、私たちははっきりと知るべきです。人は目に見えるものがすべてだと思いがちですが、目に見えるものだけがすべてではありません。実際に、現実を超越した霊的な世界があり、その霊的な世界が現実を支配しているのです。

では、霊的な世界とは、具体的にどのような世界なのでしょうか。チョー・ヨンギ師がある日、このような質問をされました。

「仏教のお坊さんやシャーマニズムの霊媒師たちが、病気をいやす奇跡を行うのを見たことがあります。もし神様だけが本当の神であるなら、なぜ神様を信じていないほかの宗教でも、このような奇跡が起こるのですか?」

これは確かに、簡単に答えられるような質問ではありませんでした。チョー師はこの問題を目の前に置き、戦うように祈りました。そして祈りの中で、神様から啓示を受け取りました。それが「四次元の霊性」だったのです。

一次元が線であり、二次元が面で、三次元が時間と空間と物質で構成された立体であるなら、四次元とはこのすべてを超える霊的な世界です。二次元は一次元を支配し、三次元は二次元を支配し、四次元は三次元を支配しています。私たち人間は霊的な存在ですから、四次元的な存在です。悪霊も聖霊も、この四次元に属しています。もし四次元に属する悪霊がその力を用いるなら、たとえクリスチャンでなくても、三次元の世界に属している肉体の病をいやすことができるのです。

しかし、四次元の世界の中で一番力を持っておられる方は神様です。悪霊も四次元の世界を利用して奇跡を行うのに、ましてや神の聖霊が支配する四次元の世界は、どれほど大きな力を発揮することでしょう。神様が主であられる霊的な世界には、私たちの想像をはるかに超えた、驚くべき権勢や力があります。人生において成功することを願うなら、天使たちの助けと聖霊が働く霊的な世界を知るべきです。そして、四次元の霊性を私たちの人生の中で内在化させるべきです。

これからは、四次元の霊性がどのようなものであるかを、さらに深く調べていきたいと思います。

»四次元の霊性の四つの核心要素

1. 神様の考え
2. 神様の信仰
3. 神様の夢
4. 神様の言葉

四次元の霊性を実行する四つの要素

四次元の霊性は、四つの要素に分けて説明することができます。それは四次元の考え、四次元の信仰、四次元の夢、四次元の言葉です。私たちがこの四つの要素で武装すると、人生において驚くべき奇跡を経験します。この四つの要素について、簡単に説明したいと思います。

四次元の考え

どのような考えを抱くかということは、私たちにとってとても大切なことです。考えは、時間や空間の支配を受けません。教会で礼拝をささげていても、頭の中では全く違うことを考えることができます。考えは時間と空間の支配を受けませんが、時間と空間を超越したすべてのものに影響を及ぼします。もし皆さんが誰かを恨むなら、その考えが皆さんを破壊します。だれかを憎み、恨むような考えが生じたら、それはそのままでは終わらずに、少しずつ育つのです。そしてその考えが大きくなって、ほかの人に害を与えたり、殺すという結果を生みます。殺人を犯した人の動機を探ってみてください。すると、その根に恨みや憎しみや嫉妬といった考えがあることがわかるでしょう。

私たちは、「考え」によって誰かを殺すことも、自分を滅ぼすこともできます。あるとき、死刑囚を対象に、考えが人に及ぼす影響について調べたことがあるそうです。まずある死刑囚の体に注射器を差し、血を全部抜きました。五分くらいでその死刑囚は死にました。その光景をずっと見ていたもう一人の死刑囚にも、同じように注射器を差しました。すると五分後、その死刑囚も死にました。しかし実は、血を採るふりをしただけで、この死刑囚からは血を採らなかったのです。しかしこの人は「私もさっきの人のように血を採られているから、五分後に死ぬだろう」と何度も考えているうちに恐怖に縛られ、心臓麻痺を起こしてしまったのです。

このように、考えは私たちの体を支配します。目には見えない「考え」というものに、目に見える私たちの体が影響を受けるのです。私たちが肯定的な考えをすると、驚くべき奇跡を体験できます。ですから、考えを治める必要があるのです。

また、考えは人との関係に影響を与えます。良い考えをする人は、ほかの人の短所よりも長所を見、批判するよりほめることが上手です。しかし否定的な考えに支配されている人は、いつも人を否定的に評価し、批判することに長けています。「しかし、口から出るものは、心から出て来ます。それは人を汚します」（マタイ一五・一八）とあるように、心の中に満ちているものが人間関係に現れるのです。

このように、考えはすべての生活に絶大な力を発揮します。ですから、肯定的な考えで武装することは必要不可欠であり、緊急課題であると言うことができるのです。パソコンにソフトウェアがインストールされ、初めていろいろな作業をすることができます。同じように、私たちの心に四次元の考えというプログラムが構築されて初めて、あらゆる面で良い実を結ぶことができるのです。具体的には、まず神様の中で肯定的なセルフイメージを持つということです。セルフイメージが健康でない限り、肯定的な考えは生まれてきません。「自分」に対して肯定的でないのに、「人」や「物」に対して肯定的に考えることは期待できないからです。

アメリカのジョエル・オスティーン牧師は、一九九九年に父親の教会を引き継ぎましたが、彼は正式に神学を勉強したことがありませんでした。しかしジョエル師には聖霊の油注ぎがありました。ジョエル師は牧会を始めるときに、「あなたの中の勝利者を発見しなさい」というスローガンを立てました。彼がすべての信徒に肯定の力を宣言すると、信徒の心の中に肯定的なセルフイメージがまかれ、肯定の力がわき出ました。「私は本当に価値ある人間だ。私は神様の目的の中で造られたのだ」と知ると、信徒の心に変化が起こりました。信徒一人ひとりの考えが変えられ、人生に希望が生まれて、自信を持つようになり、教会に神様の働きが熱く現れるという驚くべき変化が起こったのです。

セルフイメージは、このように誰かの助けによって変えられることもありますが、自分自身で考えることが一番大切です。デール・カーネギー研究所の崔永純《チェヨムスン》所長は、子どものころから名前にコンプレックスを抱いていました。男なのに「ヨムスン」という名前なのが気に入らなかったのです（訳注：韓国語では、この名前には女性らしい響きがあり、女性と勘違いされる）。しかし、デール・カーネギー研究所でリーダーシップと人間関係トレーニングを受けた後、彼のセルフイメージは変えられました。自分の名前に関する見方が変えられたのです。それからは人々に会うたびに「私は最（チェ）高を念（ヨム）願する、純（スン）粋な人です」と自己紹介をしました。名前は変えませんでしたが、名前に対する考えが変わると人生が幸せになったのです。チェ所長はたくさんの人にリーダーシップの講義をし、セルフイメージが肯定的に変えられるための働きを始めました。

私は携帯電話の待ち受け画面に、自分の名前に肯定的なスローガンを付けたものを入れています。「神様のビジョンメーカー、ホン・ヨンギ」「信仰の人、ホン・ヨンギ」などです。最近は、「ホン・ヨンギ、お前は四次元の霊性を持った男だ！」と入力しています。携帯電話を開くたびに「ホン・ヨンギ、お前は誰なのか」と繰り返し考えることで、肯定的なセルフイメージを創造しているのです。皆さんも四次元の考えで、セルフイメージを肯定的に創造してみてください。奇跡を体験する人生を送ることができるでしょう。

四次元の信仰

次に、四次元の信仰を持つことが大切です。四次元の信仰は、生まれつき持っている信仰とは違い、神様が与えてくださるものです。生まれつき持っている信仰とは、薬局に行って、薬剤師や製薬会社を信じて薬を買うのと同じことです。食事のとき、食卓に上った食べ物がきれいであると信じられなければ、食事をすることさえできなくなってしまうでしょう。また、バスに乗るとき、運転手が安全運転をすると信じられなければ、バスに乗ることなどできなくなってしまいます。このように、私たちは生まれつき備わった信仰によって、日常生活を問題なく送ることができているのです。

しかし私たちは、生まれつきの信仰に加えて四次元の信仰、つまり神様が与えてくださる信仰を持つ必要があります。聖書には「信仰は望んでいる事がらを保証し、目に見えないものを確信させるものです」（ヘブル一一・一）とあります。信仰とは、置かれた環境の中で、目には見えない神様を信じることです。目に見えない神様を信じるとは、神様のみことばを信じることです。言い換えると、四次元の信仰は神様のみことばに対する揺るがない信仰とも言えます。

神様のみことばを信じる人は救われ、そうではない人は救われません。ノアは神様のみことばを握って救われた代表的な人物です。神様がノアに箱舟を造るように命じられたとき、洪水が起こる気配は全くありませんでした。しかしノアは、神様の言葉を信じて箱舟を造り始めました。人々がノアを非難し、ばかにしても、彼は黙々と箱舟を造りました。先がわからない状況の中でも、神様のみことばを握って人生を懸けた決断をしたのです。神様のみことば通りに洪水は起こり、ノアの一家だけが救われました。

みことばに対する信仰さえあれば、あらゆる状況の中で、私たちは絶望する代わりに大胆にチャレンジすることができます。子どもが高い所から飛び降りるとき、お父さんは下で受け止めようと待ち構えています。子どもが「パパ、できないよ」と泣きながら叫ぶと、お父さんは「心配しなくていいよ。私がしっかり受け止めてあげるから。信じて飛び降りておいで」と言います。それでも迷う息子に、お父さんは「心配しなくていいよ。私がいるから。絶対にけがすることはないから」と安心させます。子どもは決心して、目をつぶって飛び降ります。お父さんがしっかりと子どもを抱き止めると、子どもは安心して、「わぁ。面白いね！　もう一回やりたい」と言い、また高いところに上って、お父さんのふところに飛び込むのです。

これは、神様と私たちとの信仰の関係をわかりやすく説明しています。私たちも最初、恐れや疑いの心があって、なかなか信仰の冒険をすることができません。しかし、神様が私たちを守ってくださるという確かな信仰が生じると、その後は進んで冒険をしようとします。什一献金について、最初は誰でもこう考えます。

「聖書の中には、什一献金をすると祝福されると書いてあるけれど、大事なお金をどうしてそんなにささげることができるのだろう」

しかし、神様のみことばに従ってささげ、みことばが成就することを経験するうちに、自発的に什一献金をささげるようになります。ある人は十分の二、あるいはリック・ウォレン師のように十分の九をささげることさえ可能になるのです。信仰が成熟して神様の真実さを知れば知るほど、私たちはさらに力強い信仰を持つようになります。

このような四次元の信仰を持つと、ある人は奇跡を期待するようになります。人間の能力ではできないこと、神様だけができることを「奇跡」と言います。

「私にはできなくても、神にはできる」

このように信じることが四次元の信仰です。信仰に満ちている人が集まる教会は成長します。韓国のインチョンにあるジュアン長老教会が成長した最大の理由は、奇跡を期待する信徒たちの信仰でした。一九七〇年代後半、主任牧師のナ・ギョムイル牧師が肝臓がんになって死に瀕したことがありました。そのとき、すべての信徒が牧師のいやしのために祈ると、奇跡が起こりました。医者の宣告によれば、牧師の命は残り二カ月足らずでしたが、ある日、ナ師がトイレで七~八回排泄すると、がんの塊が出て、いやされたのです。この奇跡を見た信徒の心に、強い信仰が植え付けられました。

「神様が牧師をいやしてくださった。神様が私たちの教会に奇跡を行ってくださったのだ」

こうして教会は奇跡を期待するようになり、その信仰を通して強い結束力が生まれ、教会が成長したのです。

では、私たちはどうすれば四次元の信仰を開発することができるのでしょうか。四次元の信仰を開発するためには、三つの要素が必要です。それは、イエス様の血潮、聖霊の油注ぎ、神様のみことばです。私は毎朝こう祈ります。

「主よ、私をイエス様の血潮できよめてください。聖霊の油を塗ってください。神様のみことばで満たしてください」

旧約時代には、ツァラアトの人をいやすとき、まず犠牲の動物の血を注ぎかけ、祭司長が油を塗りました。血を塗ってから油を塗ったということが大切です。主の血潮に感謝して、賛美し、祈ってこそ、聖霊の油注ぎが臨むのです。そして聖霊の油注ぎが臨むと、さまざまなみことばの賜物が与えられます。聖書を読むときに神様の御声を聞き、みこころを悟ります。賜物が活性化することによって、神様のみことばが現実のものとして私たちに近づいてくるのです。これは、私たちが四次元の信仰を開発するときに与えられる祝福です。この三つの要素に関しては、後ほど詳しく説明したいと思います。

四次元の夢

また、私たちは四次元の夢を持つべきです。これは世俗的な野望ではなく、聖霊様が下さる夢です。「夢とビジョンは聖霊の言葉である (Dreams and visions are the language of the Holy Spirit)」というチョー・ヨンギ師の言葉があります。神様が聖霊の言葉で、ビジョンと夢を私たちの心にまいてくださるのです。聖霊が下さる夢を頂くために何よりも大切なことは、常に聖霊の中にとどまり、共に歩く友となることです。

私は中学生の時から、全世界を回りながら宣教したいという夢を持っていました。チョー・ヨンギ師がメッセージをしている姿を見て、あの姿は未来の自分の姿だと思いました。その夢を実現するために、一生懸命英語を勉強しました。高校一年生の時から英語の礼拝に参加し、大学も英文科に進学しました。私は、このような夢が私自身の考えではなく、聖霊が注いでくださった夢であると確信しました。聖霊様は私に夢とビジョンを与えることで、ご自身のみこころを示してくださいました。その夢があったからこそ、私は一生懸命英語の勉強をし、たくさんの人に出会い、いろいろな経験を重ねることができました。人生を振り返ってみると、神様は私が思った以上の祝福を下さいました。神様の夢が私の夢よりさらに大きかったのです。

私たちが聖霊のうちにとどまり、聖霊と共に歩んで、聖霊と会話する方法を学ぶなら、聖霊が持っておられる大きなビジョンと計画を知ることができます。まず優先すべきことは、聖霊との親しい関係を築くことです。私は朝起きてまず最初に「聖霊様、おはようございます(Good morning, Holy Spirit)」と祈ります。聖霊様に朝のあいさつをするのです。今日も聖霊と会話をしながら、聖霊のみこころが私の心を支配してくださるようにと祈るのです。

しかし、人間的な夢と聖霊の夢とを区別できない場合もあります。誰でも「この夢は、私の野望なのか、神様の夢なのか」と思い、区別できないときがあります。それは当たり前のことです。私たちが祈るとき、神様の考えだけではなく、自分の考えやサタンの考えも入ってくるからです。ですから、私たちが祈りのアンテナをどの周波数に合わせるのかによって、その結果は違ってきます。神様の考えに私たちのアンテナを定めるようトレーニングすると、聖霊が下さる夢を見分けることができます。そして、聖霊が下さる神様のビジョンと夢を、簡単に受け取ることができるのです。

しかし覚えておかなければならないことがあります。それは夢をかなえる過程で、必ず苦しみの荒野を通らなければならないということです。苦しみの中で自身をささげるとき、夢が実現します。チョー・ヨンギ師は以前、次のような話をしました。「ヨイド純福音教会を牧会した四十八年を振り返ってみると、本当にたくさんの汗と涙を流しました。もし生まれ変わって、もう一回この教会を牧会しなさいと言われたら、私にはできる自信がありません」。ミョンソン教会のキム・サムハン牧師もこう言っています。「二十五年間牧会をしてきましたが、もう一回生まれて、神様からこの教会を牧会しなさいと言われても、私は今のようにできる自信はありません」。これらの言葉は、夢を成し遂げるために過ごした時間がどれほどつらかったかを教えてくれるコメントです。

私にも苦難の経験があります。神様は私に、イギリス留学の夢を与えてくださいました。しかし、祈ってもなかなか門が開かれません。私は結婚するとき、いろいろな人から奨学金をもらってイギリスに行くという青写真を、皆の前で話しました。ですから皆、私に会うたびに留学の準備はどうなっているかと聞いてきます。

「順調です」

そう答えるものの、私には一銭もなかったのです。毎晩ひざまずいて一時間以上祈りました。そのときの私の心は、経験したことのない人にはわからないと思います。いよいよイギリスに荷物を送る日になりました。しかし、依然として奨学金の問題は解決されていません。絶望的な状況でした。しかし人間的な希望が砕かれたとき、神様のみわざが働くのです。信仰を持って荷物を送った後、涙ながらに祈っていると、神様が静かにチョー・ヨンギ師を通して恵みを与えてくださいました。奨学金の許可が出国三週間前に下りたのです。

神様はなぜ私たちに苦しみを許されるのでしょうか。それは、私たちが「自分の力で夢を成し遂げた」と高慢にならないためです。神様は、夢と同時に苦難をも許され、私たちがさらに主に拠り頼むようにされるのです。私たちは苦しみを友とすべきです。このように肯定的な姿勢で苦しみを迎えるなら、私たちは苦しみを通して神様に出会い、「私の力ではなく、神様がすべてをなさった」と告白することができます。そしてこれを通して、最後には四次元の夢を成し遂げることができるのです。

四次元の言葉

四次元の霊性の四番目の要素は言葉です。神様は宇宙のすべてをみことばによって創造されました。目に見えない神様のみことばによって、目に見える世界が創造されたことに注目すべきです。

「信仰によって、私たちは、この世界が神の言葉で造られたことを悟り、したがって、見えるものが目に見えるものからできたのではないことを悟るのです」(ヘブル一一・三)

みことばによって目に見える世界を造られた神様は、私たちの唇にも創造の力を与えてくださいました。つまり、私たちにも目に見えないものを造る力があるということです。私たちの言葉は人々を生かしも殺しもするので、いつも言葉には気を付けなければなりません。イエス様はこうおっしゃっています。

「わたしはあなたがたに、こう言いましょう。人はその口にするあらゆるむだな言葉について、さばきの日には言い開きをしなければなりません」（マタイ一二・三六）

私たちは皆、天国に行ったとき、神様を賛美する言葉を口にしていたか、それとも不平不満ばかりを口にしていたか、さばかれるのです。

とっさに語る一言が大切です。私は以前、アメリカのスティーブ・トンプソン牧師が書いた『健全なる預言の働きを導入する方法（You May All Prophesy）』という本を読んで、感動したことがあります。その本には次のような話が出てきます。神様がトンプソン師に一つの夢を見せました。夢の中で、彼は新しい家を建てていました。彼は何人かの友人とともに、その家の前にいました。新しい家の周りには、建築道具が散らかっていました。そこに突然人々が現れ、建築道具をトンプソン師に向かって投げ始めたのです。彼はそれを何とか避けましたが、自分が隣の人に渡そうとした道具がその人のお腹を直撃してしまいました。お腹から血が流れ、止まりません。パニックになったところで、目が覚めました。

トンプソン師は夢の解き明かしを求めて祈りました。新しい家は教会を意味し、そこにいた人々は教会の信徒たち、投げられた道具は人々が発する非難の言葉を意味していました。トンプソン師はその非難をかわしましたが、彼が人にあげた道具、つまり何気なく発した一言が相手の心に突き刺さり、深い傷を与えたのです。この夢を通して、トンプソン師は小さな一言でも、相手にとっては大きな傷になることを悟り、いつも言葉に気を付けなければならないことを悟ったそうです。私たちが何気なく発した非難や批判の言葉が、その人にとっては大きな傷になることがあるのです。

成長している教会を訪れてみると、皆が互いにほめ合い、慰め合い、祝福する言葉を使っています。反対に、あまり成長していない教会に行くと、互いに憎み、非難し合い、不平不満のこもった言葉をよく使っています。イスラエルの民は、なぜカナンの地に入ることができなかったのでしょうか。それは、彼らがつぶやき、不平不満を言ったからでした。ヨブは試練の中でも、言葉で罪を犯しませんでした。人々がほかの人のことを悪く言っても同意せず、それに対してとりなしの祈りをしたのです。否定的な言葉は、自分だけでなく、周りの霊的な雰囲気までだめにしてしまいます。

ですから、私たちは周りの人々に接するとき、相手をほめ、励ます言葉を使うべきです。言葉には力があり、動物や植物さえも私たちの言葉に影響されます。韓国の南の全羅道《ジョンラド》という所に、腕のいい農夫がいました。周りは凶作でも、彼の畑だけは豊作でした。人々が彼に秘訣を聞くと、彼は毎日畑や田んぼに行って、作物をほめると言うのです。

「今日も元気にね。本当にかわいいね」

こう作物をほめると、すくすくと育ったというのです。犬たちでさえ、人間がほめるとしっぽを振ります。しかし、足でけったり、大声を出したりすると近づいてきません。神様は人間に、言葉によってこの世の植物や動物、自然環境を治める力を与えてくださったのです。

つまり私たちが口にする言葉は、この地上の環境を変え、縛ったり解いたりする力がありま す。皆さんが祈るとき、「今日、○○さんがいやされました」と口で宣言すると、神様がみわざを見せてくださいます。二〇〇六年、韓国のグミという所で集会を導いていました。そのとき、肩に関節炎をわずらっている人がいやされることを、神様が私に教えてくださいました。祈りのとき、私は信仰をもってそのことを口で宣言しました。その日の集会が終わると、一人の女性が私のところにやって来ました。自分は肩の関節炎で苦しんでいたが、その日の祈りでいやされたと証ししたのです。神様の力を口で宣言し、実際にみわざを見ることを体験した、貴重な時間でした。このように、私たちが言葉で宣言するとき、神様は働いてくださるのです。ですから、私たちは四次元の言葉を通して、神様が下さる力を正しく用いるべきです。

四次元の霊性とリーダーシップ

私たちはこれまで、四次元の霊性を私たちの人生の中に内面化させる四つの要素について見てきました。これからはそれを土台にして、真のリーダーになる訓練をしなければなりません。真のリーダーになるためには、霊性とリーダーシップの両方を備えるべきです。リーダーシップとは「霊感のある影響力」のことです。リーダーはほかの人に肯定的な影響力を与えることができなければなりません。そのためには、リーダーシップの賜物が必要です。「神様。私にリーダーシップの賜物を下さい」と祈り、神様の恵みを求めましょう。

霊性がリーダーシップにとってどれほど大きな影響を与えるかについて、たくさんの学者たちが注目し始めました。科学者たちが、祈っている人の脳波を調査しました。すると、三十分ほど祈ると、激しく上下していた脳波が安定してくることを発見しました。さらに一時間ほど祈ると、脳からある物質が分泌され、健康な考え方をする手助けをしてくれるそうです。ですから、難しい環境であればあるほど、平安な心で神様に頼り、祈りながら神様の知恵で決断をすべきです。

神様が下さったこのような意思決定能力は、リーダーにとって最も大切な能力だと言えます。時にかなった意思決定をするリーダーが良いリーダーであるということは、誰もが知っている事実です。二〇〇六年の夏、私はオーストラリアに行きました。そのとき、リーダーシップの専門家であるイアン・ジャゲルマン（Ian Jagelman）博士と交わり、また、講義を聴く機会がありました。彼は、「リーダーシップの核心は意思決定である」と言いました。リーダーになると判断しなければならないことがたくさん出てきますが、複雑で困難な状況の中でも正しく意思決定をする指導者こそ、素晴らしい指導者であると強調していました。聖書に登場する人物の中で、ソロモン王はいつも神様に知恵を求め、神様の知恵で正しい決定をしたため、多くの人に尊敬されるリーダーになりました。

四次元の霊性を持つなら、神様の考えや信仰、夢、言葉によって武装されるので、私たちは知恵のある意思決定をすることができます。素晴らしいリーダーとして整えられるのです。

皆さんの中に四次元の霊性のソフトウェアをインストールしてください。ではこれから、四次元の霊性を通して現れる霊的リーダーシップの七つの秘訣を一つずつ見ていきましょう。

四次元リーダーシップ・ダイヤモンド

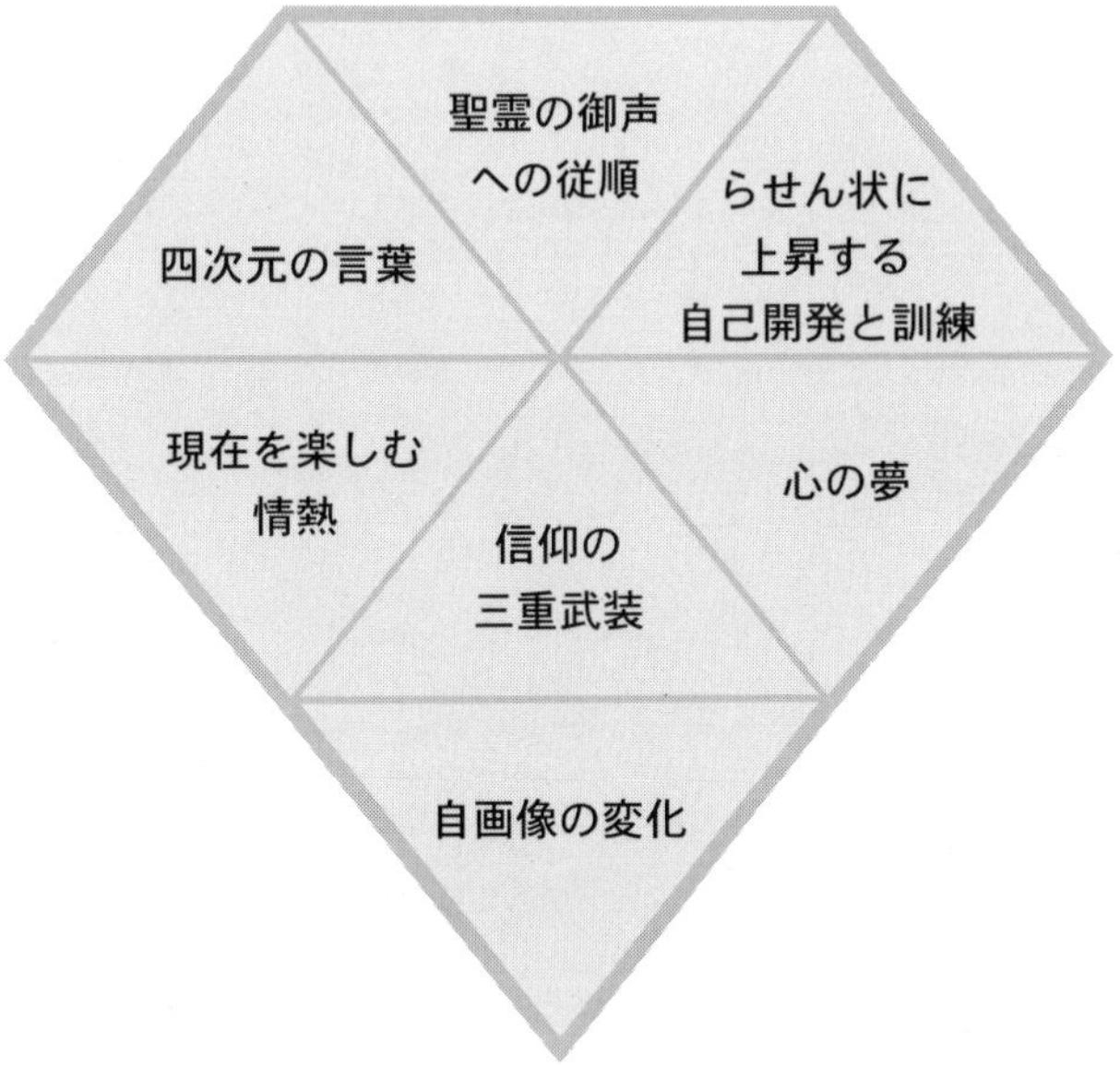

成功する霊的指導者の七つの秘訣

SECRET 1
肯定的なセルフイメージの回復

十字架のレンズを通して自分自身を見る
自分に対する神様の目的と召命を覚える
否定的な考えとセルフイメージを治療する
自分の長所を強化する

SECRET 1

肯定的なセルフイメージの回復

「黄金は土の中より、人間の考えの中からもっと多く採掘された」

ナポレオン

成功する霊的指導者たちは皆、四次元の霊性を用いてリーダーシップを開発した人です。四次元の霊性を開発するための一番目の秘訣は、四次元のセルフイメージを開発することです。これはリーダーシップの開発において、根本的に大切な要素です。

リーダーは常に目覚めて、心と耳と目と口が神様のものになるように努力することが必要です。その心に神様の考えがあり、耳では神様のみこころを聞き、目には神様のビジョンを見、口では神様のみことばを宣べ伝える人になるのです。これが四次元のセルフイメージです。神様の考えと信仰と夢と言葉で武装するとき、皆さんの人生、家族、教会、職場、小グループなど生活全般において、変化と革新、成長と奇跡が起こり始めます。

人生に驚くべき変化をもたらす四次元のセルフイメージを持つために、私たちが実践すべきことは次のようなことです。

十字架のレンズを通して自分自身を見よう

何を通して自分自身を見るかがとても大切です。私たちは十字架のレンズを通して自分を見つめるべきです。十字架のレンズを通して自分自身を見ると、私たちは二つのことを悟ることができます。それは私たちの醜い罪と、神様の豊かな愛です。私たちは、神様のひとり子イエス・キリストが十字架にかからなければならなかったほどの罪人です。そして、イエス・キリストが十字架にかかって死なれたほど、神様は私たちを愛しておられます。この二つのことを知っていれば、私たちは信仰が成長すればするほど、さらに深く罪を悟り、神様の恵みに感謝する謙そんな人となります。

》四次元のセルフイメージの開発

1. 十字架のレンズを通して自分自身を見る
2. 自分に対する神様の目的と召命を覚る
3. 否定的な考えとセルフイメージを治療する
4. 自分の長所を強化する

使徒パウロは、使徒として働き始めた当初「私は使徒の中では最も小さい者であって」（Ｉコリ一五・九）と告白しましたが、働きが活発になると「すべての聖徒たちのうちで一番小さな私に」（エペ三・八）と言いました。そして晩年には「私はその罪人のかしらです」（Ｉテモ一・一五）と告白しました。

使徒パウロのように、私たちも霊的に成長すればするほど、さらに罪に対して敏感になります。以前は人に怒っても何の問題もなかったのに、霊的に成熟した後は「神様が見て喜ばしくないことをやってしまったな。ほかの人に傷を与えたな。神様に頼らずに、一人で心配したんだな」と意識し始めるようになります。自分の姿が神様に喜ばれないとわかると、自分がどれほど罪深い者であるのかを敏感に感じるようになります。それと同時に、そんな自分を赦してくれた神様の大きな愛を知るのです。

私は大学三年生のとき、ギレスピーという信徒宣教師を通して、神様の驚くべき愛を悟りました。彼はアルコール依存症でしたが、神様の恵みでイエス様を信じ、信徒宣教師として献身しました。韓国に来てエンジニアとして働きながら、時間をつくって友だちを集会に誘ったり、週二回自分の家を解放して集ったりしていました。私も毎週彼の家で行われていた集いに参加しました。彼は牧師ではありませんでしたが、メッセージには神様のみことばの影響力を持っていました。彼はまた、神様の愛で満たされている人で、その顔は神様の愛で輝いていました。

彼は、まるでこの世に私しかいないかのように、私に接してくれました。彼から愛されることによって、私は神様の愛がどれほど豊かなものかを悟りました。

集会からの帰りのバスの中では、神様の恵みに満たされて、知らず知らずのうちに賛美をしていることもありました。喜びに満たされ、心からこう思いました。

「神様がこんなに愛しておられる私は、本当に大切な存在なのだ」

「私は感謝します。あなたは私に、奇しいことをなさって恐ろしいほどです。私のたましいは、それをよく知っています」（詩篇一三九・一四）というみことばがあります。これは神様が自分を造られたことが驚くべきことであり、一生感謝すべきことであるという意味です。私は彼を通して、この神様の偉大な愛を悟りました。

全宇宙にたった一人しかいないという理由だけでも、私たちは自分自身に価値があると認めるべきです。皆さんの名前、顔、性格、環境は、神様ご自身が造ったものです。ですから、与えられた外見、親、環境について、つぶやいてはなりません。神様が私たちに与えてくださったものを感謝の心で受け入れるとき、私たちのセルフイメージが肯定的に変えられるのです。

私たちは、人間の愛に頼る傾向があります。しかし、人間の愛は決して私たちを満足させることはできません。神様の愛だけが私たちをいやし、私たちのセルフイメージを四次元のものに変えることができるのです。神様の愛を感じるとき、私たちは人生に大きな変化を感じることができるのです。

十字架のレンズを通して、自分自身を見てください。そうすれば、自分がいかに罪人であるかを知り、罪人である自分を真に愛してくださり、ひとり子を送って救い出してくださった神様の大きな愛を悟るようになります。

自分に対する神様の目的と召命を覚えよう

神様は指導者を立てるときに、まずその人のセルフイメージとアイデンティティが変えられることを願っておられます。神様が「アブラム」を呼び、「アブラハム」と名前を変えてくださったのも、そのような理由からでした。名前を変えることにはいろいろな意味があります。アブラハムは名前が変えられた後、「私は信仰の父、国々の父である。失敗して倒れ、神様を疑うこともあるけれど、それでも神様が私をアブラハムと呼んでくださったのだ。だから、私はこれから信仰の人になる」と自分自身のアイデンティティを変えることができたのです。

ですからリーダーになるためには、神様が自分をどのように呼んでくださるかという意識が明確でなければなりません。

高校三年生の時、私は、自分に対する神様の目的が何かを考えるようになりました。祈祷院で祈っていると、神様がヨシュア記一章のみことばを与えてくださいました。そこで「わたしの名前をヨシュアにしよう」と考えていると、さらにある牧師を通して「わたしがあなたにヨシュア記一章のみことばを与えよう」という預言の言葉を頂いたのです。さらにほかの牧師からもヨシュア記一章のみことばを与えるという預言が与えられました。四回ぐらい牧師たちから預言をもらって、私は神様が下さった私の使命をはっきりと理解するようになりました。

一九九八年には「あなたはこれから、世界中のたくさんの教会と主のしもべたちに仕える働きをする」という言葉を頂きました。その前から、私の心の中にはそのような願いがありました。私が持っていた願いを、神様はみことばを通して確かにしてくださいました。私は、たくさんの牧師や教会のリーダーたちに仕えるためには、知性、霊性、社会性、体力など、あらゆる面において準備が必要であると考えました。そして、一生懸命自分を磨き、今は教会成長研究所の所長として、たくさんの牧会者に仕える働きをしています。

神様が私たちをこの世に造られたのには、明確な神様の召命と目的があることを覚えなければなりません。その目的を明確に知って、自分自身を見いだすとき、私たちは幸いな人になることができます。アイデンティティを「私は神の人だ。私は神様のしもべだ。私は神様の友だちだ。聖霊の人だ」と描きましょう。祈りの中で、皆さんが願っているセルフイメージ、あるいは神様が願っておられる皆さんのアイデンティティを書き、トイレの中や机の前に貼っておきましょう。そして、それを見るたびに宣言しましょう。私は「ホン・ヨンギ、おまえは誰だ」と自分に問いかけた後、「私はヨシュアだ。神様がヨシュアのような働きのために、私を選んだのだ。だから私はたくさんの神の民を導く」と大声で宣言し、自分の召命を心に刻んでおきます。このように、くり返して思うとき、自分の召命がより明確になり、いつも覚えるようになるのです。

神様は私たちの中に住まわれ、働いてくださいます。ところが、その働いてくださる水準は、私たちの祈りの水準、私たちの考える水準を基盤としています。「自分はちっぽけな者だ」と私たちが考えるなら、神様が力強い祝福を注ごうとしても制限されてしまいます。ですから皆さんは、祈りの水準と考えの水準を今よりも高くする必要があるのです。

面白い話があります。神様があるホームレスの人に「願い事を三つ言いなさい」と言いました。彼はしばらく考えてこう答えました。

「ごはんをもらったときに入れる器がないから、大きなアルミ缶を下さい」

神様が二番目の願いを尋ねると、彼は続けてこう答えました。

「アルミ缶だけではスープとごはんを分けられないので、大きなステンレスの缶を下さい」

最後に神様が三番目の願いを尋ねると、彼はこうお願いしたのです。

「ごはんやスープが冷めないように、保温できる入れ物を下さい」

神様は全能です。しかし彼は、自分の立場やセルフイメージの水準の中で願い事をしたのです。

神様はどのようなお方であり、自分自身がどのような存在であるかを正しく知らなければ、このような水準の祈りしかできません。神様は宇宙の主権者であられます。私や皆さんが、王の王である神様の子であるなら、イエス様の御名によって求める権利があります。神様が備えてくださった驚くべき祝福を信仰の目で望み、求めましょう。そのためにはまず、神様が下さった目的と召命を知り、覚えることが大切です。

否定的な考えとセルフイメージを治療しよう

私たちは世の中で生活していると、知らず知らずのうちに否定的なセルフイメージを植え付けられてしまいます。ですから、四次元のセルフイメージを開発するためには、まず否定的なセルフイメージがいやされなければなりません。サタンの活動には二つの目的があります。一つ目は神様の栄光を妨げること、二つ目は、人間が不幸になるように否定的なセルフイメージをつくることです。

　サタンは人間を不幸にするために、特に私たちの考えを攻撃します。自分自身を愛せないようにすること、これがサタンの武器なのです。神様が喜ばれないセルフイメージへと歪曲させてしまうのです。

　サタンの代表的な方法は、四つあります。第一に比較意識とそれに伴う劣等感、第二に心配、第三に嫉妬、第四に憂うつです。

　まず皆さんが、自分を人と比較して、それによって劣等感を感じることがあるなら、それはサタンがもたらした考えであることを知らなければなりません。ですから、そのような考えが浮かぶたびにサタンを縛り、「私の中の人と比べる意識や劣等感を、主ご自身がいやしてください」と祈りましょう。イエス様がペテロに「あなたは殉教するでしょう」とおっしゃったとき、ペテロは「では、ヨハネはどうなりますか」と尋ねました。するとイエス様は「それがあなたに何の関係があるのか。あなたはただわたしについてきなさい」とおっしゃいました。ペテロは自分とヨハネを比べていました。イエス様はその思いを戒められたのです。今日の霊的指導者たちも同じです。ほかの牧師が大きな働きをしたり、ほ

≫指導者は否定的なセルフイメージがいやされなければならない

1．比較意識と劣等感
2．心配
3．嫉妬
4．憂うつ

かの教会がリバイバルするのを見て、自分自身と比べる必要はありません。「神様が私に下さった召命は何か。神様が願っておられる私の生き方は何か」という自分に対する神様の目的に焦点を合わせるのです。

二番目に、心配はセルフイメージを引き下げます。サタンのデパートで絶対に安売りしないのがこの「心配」です。心配は安売りなどしなくても、たくさん売れるからです。心配は人間を殺すのに大きな役割を果たします。ストレスをよく管理する指導者は、大きな働きをすることができます。指導者は立場上、たくさんのことを決断しなければならず、大勢の人に会わなければなりません。その中で多くの心配をし、大きなストレスを感じるなら、リーダーとしてしっかり立つことができません。しまいには倒れてしまうでしょう。環境ではなく、心配が私たちを失敗させます。仕事が多くても、人間関係が難しくても、心配しない方法を学ばなければなりません。

また私たちは、心配する必要のないことで心配していることがほとんどです。心配する人の中で、絶対起こらないことを心配する人が四十パーセント、すでに終わったことを心配する人が三十パーセント、不要な健康の心配をする人が十二パーセント、ささいなことで心配する人が十パーセントだと言われています。本当に心配するべきことで心配する人は、わずか八パーセントに過ぎないのです。つまり、九十二パーセントは心配する必要のないことなのです。にもかかわらず、私たちはいろいろな心配をすることで、一日を無駄にしてしまうことがよくあります。

オズワルド・チェンバースは「心配は無意識に行う神様に対する冒とくの一種だ」と言いました。私たちが心から神様を信じるなら、心配する理由などありません。神様が私たちを守ってくださるのに、なぜ心配するのでしょうか。ペテロの手紙第一の五章七節は「あなたがたの思い煩いを、いっさい神にゆだねなさい。神があなたがたのことを心配してくださるからです」と語っています。ここで「ゆだねる」とは、主に向かって「投げる」という意味です。皆さんの心配を握り締めずに、その心配を「主が解決してください」と祈りによって投げるのです。皆さんの心の中に心配や憂いが生じるとき、「これはサタンが私を試みているのだろう。私は心配しない！」と宣言し、神様にゆだねるのが正しい態度です。

三番目は、嫉妬です。だれかを嫉妬するなら、それはサタンが種をまいたということです。教会で古くから、七つの大罪と言われているものがあります。それは高慢、怒り、貪欲、暴食、情欲、怠惰、嫉妬です。私たちが嫉妬という感情を持つとき、自分自身の体を壊し、対人関係を壊し、人生が破滅することさえあります。サウルは油注がれた王でしたが、ダビデに嫉妬してから、下り坂の人生を歩み始めました。パリサイ人たちとサドカイ人たちは当時のユダヤ教の指導者でしたが、イエス様に嫉妬して誤った道に入りました。皆さんの心の中で、今「私は誰かに嫉妬していないだろうか」と問いかけてみてください。もし心当たりがあるのであれば、このような否定的な考えをいやさなければなりません。このような心を完全になくさなければ、聖霊を完全に心の中に住まわせることができません。「天の父よ。私が嫉妬しなくなることを願います」と祈り、嫉妬する心をなくす必要があります。

教会史の中で、とても素晴らしい主教がいました。サタンはこの主教を倒すために、肉の欲、目の欲、暮らし向きの自慢など、あらゆるものを用いて攻撃しましたが、彼は倒れませんでした。そんな優れた主教がある日、「おまえの弟が大主教になった」というサタンのささやきを聞いて嫉妬心にかられ、試みに陥ってしまったのです。「いとこが田畑を買えば腹が痛い」という韓国のことわざがあるように、人がうまくいくのを見て嫉妬することは、人間の持って生まれた性質でもあります。しかしこれは、神様が願っておられる姿ではありません。神様の霊性を私たちの中に植え付けるためには、嫉妬心をきれいに取り除く必要があります。

四番目に、私たちが持つ憂うつも退治しなければなりません。今、韓国国民の八パーセントにあたる三百二十万人がうつ病で悩んでいます。その中で、病院に入院しなければならない人が百万人もいます。憂うつな感情は、あらゆる病気を引き起こす要因となります。健康な人も、憂うつな考えや暗いセルフイメージのゆえに病気になることがあるからです。ソウルのベク病院のウ・ジョンミン教授の話によると、自殺する人の七割から八割の原因がうつだと言います。

もちろん、会社が倒産したり、配偶者に捨てられたり、瞬間的な怒りが押さえられず、衝動的に自殺する人もいます。しかし自殺する人のほとんどがうつを経験し、自分の人生を悲観し、価値のないものと考えて自殺するのです。うつのためにたくさんの人が苦しんでいます。ほかの病気に対する薬は発達していますが、心の病をいやす薬は、ただ神様の考えを私たちの内に受け入れる以外にないのです。

以上の四つの方法だけではなく、サタンはあらゆる方法で人の心を攻撃し、不幸にさせ、否定的なセルフイメージを持たせます。私たちがこれを防ぐためには、自分自身の弱さを認めて、神様の恵みを求め、サタンの働きを防がなければなりません。ここで私たちが知るべきことは、人間は統合的、総合的な存在であるということです。霊と魂と肉体が別々にあるわけではありません。人間は霊と魂と肉によって構成されているのです。私たちが天国に入るとき、私たちの体は栄光の姿に変えられて、天国へと入れられます。イエス様がよみがえられた後で現れた体のように、私たちも変えられるということです。ですから、聖書には「平和の神ご自身が、あなたがたを全く聖なるものとしてくださいますように。主イエス・キリストの来臨のとき、責められるところのないように、あなたがたの霊、たましい、からだが完全に守られますように」（Iテサロニケ五・二三）と記されています。このみことばのように、私たちは体だけではなく、私たちの魂と霊を守らなければならないのです。

では、否定的なセルフイメージを克服するためには、どうすればよいでしょうか。神様はみことばと天使を通して、聖霊によって私たちの考えをいやしてくださいます。神様のみことばが主のしもべを通して伝えられるとき、天使たちが私たちの考えに働いて、変化を起こすのです。サタンは私たちの考えを破壊し、否定的な思いに陥れます。一度否定的な思いに陥ると、それを通してサタンは攻撃をし続けます。しかし、救いのかぶとと信仰の大盾と御霊の与える剣を持って毎日を生きるなら、神の武具で武装しているので、サタンの攻撃を防ぐことができます。

ですから私たちの弱さを徹底的に認め、神様のみことばと恵みに焦点を合わせるべきです。私たちのすべては、神様の恵みによるものです。「神様の恵みによって、私は今の私になりました。神様の恵みに感謝します」と告白しましょう。私たちが置かれたすべての状況は、神様の恵みです。神様のみことばで、否定的なセルフイメージをいやしてください。

自分の長所を強化しよう

四次元のセルフイメージを開発するためには、自分の肯定的な面を強化する必要があります。

私たちは自分の弱いところばかりを見て落胆してしまいます。しかし、偉人と言われる人を見ると、自分の弱さを補うより、長所を強化することに集中しています。タイガー・ウッズ(Tiger Woods)は、パッティングとドライバーに優れている反面、バンカーに入れてしまうとあまりうまく出られないという致命的な短所がありました。しかしウッズは、その短所のせいで失望し、挫折することはありませんでした。短所を変える努力をするより、そのエネルギーと情熱を長所の強化に注ぎ込んだのです。彼は自分の短所をある程度そのままにして、長所をさらに伸ばすことによって、世界を制覇しました。

肯定的なセルフイメージを開発するには、次の四つの項目を実践することも役立つでしょう。一番目に、自分が今までどのようなことを成してきたかを思い出しながら、自分自身を認めることです。二番目に、自分の長所を把握して磨くことです。個人であっても組織であっても、長所の上に立つ努力をすることが大切です。そうすれば自信がわいてきます。

三番目は、信仰のうちに宣言することです。セルフイメージと将来を、信仰のうちに宣言するのです。これはとても大きな助けになります。私はたまに鏡を見ながら、自分自身にこう言います。

「ホン・ヨンギ。お前はこれから世界の教会を変える神様のしもべになる。お前を通して神様の御国が拡大し、たくさんのリーダーが立ち上がるようになる」

これはとても役に立ちます。

四番目に、肯定的な人と交わることが大切です。聖書には、ヨシャパテ王がアハズヤ王と交わりをすることを神様が喜ばなかったという記事があります。歴代誌第二の二〇章三七節には「そのとき、マレシャの出のドダワの子エリエゼルがヨシャパテに向かって預言し、こう言った。『あなたがアハズヤと同盟を結んだので、主はあなたの造ったものを打ちこわされました』。そうこうするうちに、船は難破し、タルシシュへそのまま行くことができなかった」とあります。このように、誰と交わるのかが、否定的なセルフイメージをつくるか、肯定的なセルフイメージを強めるかに大きな影響を与えるのです。ピレモンへの手紙六節を見ると「私たちの間でキリストのためになされているすべての良い行いをよく知ることによって、あなたの信仰の交わりが生きて働くものとなりますように」とあります。ですから肯定的な人と積極的に交わって、自分自身の肯定的なセルフイメージを開発しましょう。

肯定的なセルフイメージが開発されると、どのような状況の中でも自分自身のアイデンティティを明らかにすることができます。オリバー・

≫ 肯定的なセルフイメージの開発

1. 自分自身の過去と現在の成功を思い出そう
2. 自分の長所を把握し磨こう
3. 信仰の中で自分に宣言をしよう
4. 肯定的な人と交わろう

ホームズという有名な弁護士がいました。彼はある日、メリー・ブラウンという女の子と一緒に散歩をしました。散歩が終わった後、彼は女の子にこう言いました。

「家に帰ったらお母さんに、弁護士のオリバー・ホームズさんと散歩したと言ってね」

すると、女の子はホームズにこう言いました。

「おじさんも家族に、メリー・ブラウンという女の子と一緒に散歩をしたと言ってくださいね」

この小さな女の子は肯定的なセルフイメージが確立していたからこそ、弁護士の前で小さくなることなく、自分のアイデンティティを堂々と示すことができたのです。神様が願っておられるのは、まさにこのようなことです。神様の目的を成し遂げる指導者となるためには、神様から来る自尊心と自信に満たされるべきです。

エペソ人への手紙五章二八節には「自分の妻を愛する者は自分を愛しているのです」とあります。つまり、自分自身を愛せる人が、配偶者も愛せるということです。自分を大切にせず、愛せない人は、神様も愛せないし、ほかの人も愛することができないのです。そのような人は人生を失敗してしまいます。人生の失敗の根本的な原因は、否定的なセルフイメージから生まれるのです。

これまで見てきたように、霊的指導者としてリーダーシップを発揮するためには、セルフイメージが肯定的である必要があります。ですから私たちは皆、神様に用いられる指導者となるために、十字架のうちにセルフイメージを回復することから始めることを願います。

Thinking

黙想と実践

考えてみよう

1. 神様が下さった愛に一番感激したのはいつでしたか。思い出してみましょう。

2. 神様から見る「私」と、自分が思う「私」にはどのような差があるか、考えてみましょう。

3. 自分の人生において、する必要のない心配や憂いがあったら、それは何かを考えてみましょう。

4．もっと磨くべき長所があれば、それが何かを考えてみましょう。

Practice

実践しよう

将来の自分の姿を思い描いて、自分自身に宣言しましょう

預言の言葉を宣言することには、自己拘束力があります。自分の将来像を肯定的に描いて宣言し、努力すればその通りになるでしょう。肯定的なビジョンを持っているリーダーだけが、その共同体を成功に導くことができるのです。

証しと例話

考えは私たちの体をも支配します

ある人が、休みをもらって海外旅行をしました。彼は一日中歩き回って疲れ果て、夕方になってホテルに入りました。

夕食を食べて深い眠りについた彼は、夜中にひどい暑さで目が覚めました。調べてみるとエアコンが壊れています。人を呼ぶのも面倒なので、彼は寝ぼけたまま窓を探しました。しかし、窓を開けようとしても全く動きません。暑さで死にそうだった彼は、ホテル側の責任もあるからと思い、その窓を割ってしまいました。ガラスの割れる音がすると、涼しい風が入ってきて、彼はやっと気持ちよく眠ることができました。

しかし次の朝起きてみると、体全体が汗でびしょびしょにぬれています。べッドの周りには、窓ガラスではなく、鏡の破片が散らばっていました。昨夜彼が割ったのは窓ガラスではなく、部屋の鏡だったのです。鏡を窓だと思い込んで割り、風が入って来たと思い込んで、眠っていたのです。

このように、考えは私たちの肉体的な状態までも支配する強い力を持っています。皆さんの考えをコントロールしてください。考えだけで、私たちは予想をはるかに超える大きな働きを全うすることができるのです。

成功する霊的指導者の七つの秘訣

SECRET 2
現在を楽しむ情熱を抱く

肯定的な考えを選択する
現在の仕事を楽しむ
今周りにいる人々を大切にする
情熱を持って働く

SECRET 2

現在を楽しむ情熱を抱く

「不可能なことが存在するのではなく、不可能だという考え方が存在するだけなのだ」

ロバート・シュラー

リーダーにとって、現状をうまくコントロールすることはとても大切なことです。ジョン・C・マクスウェル牧師は「人々は昨日と明日は過大評価しますが、今日は過小評価します。しかし、一番大切なのは今日です」と言いました。

マーク・サンボーンという人が書いた『フレッドが教えてくれた仕事でいちばん大切なこと』という本があります。この本の著者サンボーンは、ある日、郵便屋のフレッドに出会いました。フレッドはマークに言いました。

「私は新しくこの地域の郵便配達を担当することになったフレッドと言います。先生が留守の時を私に教えてくだされば、まとめて先生がいるときに持ってきます」

サンボーンは、親切で配慮の行き届いたこの郵便屋に感動しました。サンボーンは、その後もフレッドとの交わりの中で、フレッドが自分の仕事を本当に愛していることに気付きました。サンボーンは情熱的に自分の仕事に最善を尽くすフレッドを見ながら、人も組織も、成功するためにはフレッドのような姿勢を持つことが大切だと思いました。そして、フレッドの長所を集めて、フレッド要因（The Fred Factor）というリーダーシップの原理をつくりました。それは、自分の仕事を肯定的にとらえ、楽しむ人になること、そして、今出会った人々を価値のある人として認めること、情熱を持って働くことなどです。彼はいろいろな会社を回りながら、このフレッドの原理について教えました。ワークショップもして、マニュアルも作って普及しました。

このような活動と同時に、どんどん郵便屋さんのフレッドも有名人になりました。後に、テレビ番組にも出ることになり、たくさんの人々に愛され、尊敬される人になりました。フレッドがこのような人生を過ごすことができた理由は何でしょうか。彼は郵便屋でしたが、多くの人の

》霊的なフレッドの原理

1. 肯定的な考えを選択する
2. 現在の仕事を楽しむ
3. 今周りにいる人々を大切にする
4. 情熱を持って働く

模範となる姿勢を身に付けていました。現在を楽しむ情熱を持っていたのです。

四次元の霊性を活用するための第二の秘訣は、霊的なフレッドの原理です。つまり、現在を楽しむ情熱を抱くことです。現在の状況に勝利する日々を過ごしてこそ、四次元の霊性を開発することができるのです。

肯定的な考えを選択しよう

「代替法則」というものがあります。人の心は、肯定的な考えと否定的な考えを同時に抱くことができないという法則です。つまり、否定的な考えをしている限り、肯定的な考えが私たちの心を支配することはないのです。

ウィリアム・メイヤー中佐は、朝鮮戦争で北朝鮮軍の捕虜になったことのある米軍兵士千人を相手に、ある調査をしました。当時、米軍の捕虜は、残酷な拷問を受けることはほとんどなく、食事や睡眠時間も十分に与えられたそうです。それにもかかわらず、たくさんの捕虜が解放される前に亡くなりました。その理由を調べた結果、意外な原因を発見したのです。それは「ミラスムス（mirasmus）」という病気でした。この病気の別名は「自暴自棄病」です。否定的な考えのため、抵抗力や免疫力がなくなって発生する病気だそうです。否定的な考えが米軍捕虜の中に広がり、たくさんの人が亡くなりました。

この否定的な考えを広めるために北朝鮮軍が使った方法がありました。それは密告です。同僚が少しでも怪しいことをしたり、規則を破ったときには、必ず密告するようにさせました。密告する人にはたばこをあげたり、休憩時間をたくさん与えたりしました。それで捕虜たちは「もし、私が少しでもすきを見せたら、周りの人が私を訴えるだろう」と考えるようになったのです。彼らの心がどれほど疲れ果てたか、想像に難くありません。

また、北朝鮮軍が使ったもう一つの方法は「自己批判」でした。これは人々の前に立たせて、「私はこのように悪い人間です。私はこんなひどい人間です。私はこのような悪いことをして、国を裏切りました」と言わせたのです。このように何度も自己批判をさせることによって、捕虜たちの心の中から希望や肯定的な考えが消えてしまいました。それだけではなく、肯定的な考えを断ち切るために、家族からの手紙も渡しませんでした。ただ、否定的な手紙だけは渡しました。家族の誰かが亡くなったり、誰かが事故にあったりという否定的な内容の手紙だけを渡されたら、どのような気持ちになるでしょうか。

このような理由で、捕虜たちはどんどん否定的な考えにとらわれ、ミラスムスにかかり、亡くなったというのが研究の結論でした。

このように、否定的な考えは人を死に追いやりますが、肯定的な考えはがん細胞もなくします。科学者たちの研究によると、私たちの体には毎週がん細胞が発生しますが、それと同時に「自然治癒細胞」も作られているというのです。私たちが現在、がんにかからずにいる理由は、がん細胞と戦って勝っている自然治癒細胞があるからです。ところが、この自然治癒細胞は、心が落ち着かなかったり、恐れにとらえられて否定的な考えをしたりすると、その数が少なくなるそうです。反対に、私たちが肯定的に考え、心の中に喜びと希望があると細胞は増えます。がんになった人が、がんになったことを知らない間は元気だったのに、病院で「あなたはがんです。余命六カ月です」と言われたとたん、「私は死ぬんだ」と否定的な考えにとらわれ、早く亡くなるというケースもあるそうです。

反対に、肯定的な考えは長生きも可能にします。年を取ったカトリックのシスター百八十人を研究した結果、肯定的な性格のシスターが、そうではないシスターより平均十年以上長生きしたということでした。また、メリーランド大学で六十五歳以上の老人を研究したところ、病気になった人でも、自分が幸せだと信じる人は、病気ではないのに自分が不幸だと思う

》肯定的な考えの良い点

1. 体の健康

2. 寿命の延長

3. ほかの人に対する肯定的な影響力

人より、寿命が五年以上長いという研究結果が発表されています。肯定的な考えの人は、病院に行く回数が平均一年に一回であるのに対し、否定的な考えの人は三・五回くらいだそうです。長生きや体の健康などが、私たちの考えとどれほど深い関係にあるかがよくわかる研究結果です。

また、肯定的に考える人は、ほかの人々にも肯定的な影響力を与えます。リーダーが肯定的に考えると、その群れ全体に肯定的なエネルギーを植え付けることができるのです。しかし、もしリーダーがうつだったり、否定的に考える人であれば、群れ全体のテンションが下がり、生産性が低下します。指導者の考えは、その群れ全体の考えに影響を及ぼすのです。

肯定的な考えを持つためにはトレーニングが必要です。私たちは自ら肯定的な考えを選択していかなければならないのです。ジョンズ・ホプキンズ病院のイ・スンボクという首席外科医が書いた『奇跡はあなたの内にある』という本があります。この人は、十八歳のときに大会で金メダルを取るほど優秀な体操の選手でした。しかし、交通事故で全身麻痺になり、車いすでの生活を余儀なくされたのです。しかし夢が破れても、彼は落胆せずに肯定的な考えを選びました。そして、肯定的な心を持って人生を過ごしました。その結果、彼はアメリカの有名な病院であるジョンズ・ホプキンズ病院の首席外科医にまでなったのです。

この本には、次のような話が書かれています。

「すべては、自分がどのような人生を選ぶかによります。私たちは選択を通して、たくさんのことを変えるのです。『選択』は状況を変えることはできないと思いがちですが、私たちが選択を通して人生の態度を変えると、それによってすべてが変えられるのです」

皆さんが肯定的な選択をしたからといって、状況は変わらないかもしれません。しかし、肯定的な態度を選ぶことで、すべてが益となる結果を生み出すようになるのです。

では、私たちが肯定的に考えることができない一番大きな理由は何でしょうか。それは、すべてには両面性があるということを忘れているからです。あるおばあちゃんがいました。そのおばあちゃんには、二人の息子がいました。一人は傘屋、もう一人は草履屋でした。しかし、おばあちゃんはいつも心配していました。

「雨の日は傘を売っている息子はもうかるけれど、草履屋の息子はもうからない。天気の日は草履は売れるけれど、傘は売れない」

そう言って、いつも心配していました。それをずっと見ていた隣の人がこう言いました。

「おばあちゃん。これからは反対に考えてみてください。今日は天気だから、草履屋さんの息子が売れるだろうと」

そこでおばあちゃんは「これからは肯定的な考えを選ぼう」と考え方を変えました。すべてのことに両面性があることを知ると、私たちはいつも感謝することができるのです。

肯定的な考えを選び、物事の両面性を認めて感謝するトレーニングをするとき、私たちは肯定的な人に変えられるのです。

現在の仕事を楽しもう

優れたリーダーとは、現在与えられた仕事を楽しむ人です。「現在」という言葉は英語でプレゼント（present）です。これは、私たちが人にあげるプレゼント（present）と同じです。スペンサー・ジョンソンが書いた『プレゼント（The Present）』には、私たちの人生において神様が下さった最高のプレゼントは「今（Present）」であると書かれています。現在に成功する人が未来にも成功し、人生においても、リーダーとしても成功するのです。サタンは何とかして、私たちの心から喜びを奪おうとしています。心の中に喜びがないなら、それはサタンの攻撃を受けているということです。肯定的な考え、特に現在を喜ぶことを選ぶべきです。

ある日、同業者に裏切られて、財産をすべてなくして、落胆し、自殺と復讐を考えていた事業家がノーマン・V・ピール牧師を訪ねて来ました。彼の話を聞いたピール牧師は、ノートを出して彼に質問をしました。

「お子さんは何人ですか」

彼は「二人です」と答えました。

「子どもたちは元気ですか」

彼は「はい。勉強もできるし、元気です」と答えました。

続けて、「クレジットカードを使うための銀行の信用はありますか」という質問にも「大丈夫です」と答え、「友人関係はどうですか」という質問にも、「何人か良い友だちがいます」と答えました。「健康状態はどうですか」という質問にも、「財産は失ったけれど、元気です」と答え、「アメリカの市民権を持っていますか」という質問にも「はい」と答えました。

質問を終えたピール牧師がこう言いました。

「あなたは先ほど私に、すべてを失ったと言いましたが、あなたは健康も、良いお友だちも、妻や良いお子さんも、銀行の信用も、ほかの人が命をかけても取得したいと思っているアメリカの市民権も持っていますね。たくさん持っているではありませんか」

この話を聞いた彼は、考え方が変わりました。

「そうだ。私は、まだ良いものをたくさん持っている」

彼は現在自分が持っているものをもう一度思い出し、なくしたお金のことで落胆することはなくなりました。そして、再び立ち上がり、前よりも大きな会社の社長になったのです。

私たちは現在を楽しむべきです。もし、どうしても楽しむことができない状況であるなら、考えを変える訓練をしてみてください。チョー・ヨンギ師は「牧会を趣味としてやりなさい」と後輩たちにアドバイスしました。これは、自分の働きを、喜びを持って全うするべきであるということです。皆さんがやっている働き（vocation）が休暇（vacation）のように感じられるなら、どれほどうれしいことでしょうか。今日が好きになるトレーニング、現在が好きになるトレーニングが、成功への鍵なのです。

今周りにいる人々を大切にしよう

リーダーは、今周りにいる人々に対し、価値のある大切な人として接するべきです。『パワー人脈』という本がありますが、その本には、成功するためには人脈を管理することがとても大切であると書かれています。普通、一人の人は百人くらいの人と関係を持っていると言われています。平均百人の人々と一対一の関係を持つことができるのです。私たちがその百人との関係をうまく持っていると、その百人はさらにそれぞれ百人との関係を持っているので、うまくつながれば、一万人との関係も可能になるのです。つまり、一万人という資源を持っているということです。このように、人脈は素晴らしい力を持っていると言うのです。私の個人的な経験から見ても、人脈は私たちの人生に大きな影響を与えます。では私たちは、どのように人々に接するべきでしょうか。よく建て上げ、仕え、配慮することが大切です。

アメリカのセオドア・ルーズベルト元大統領は、人々によく配慮することで有名な人でした。彼は自分が出会った一人一人に深い関心を持ちました。特に相手の関心事を話題にして会話をするのが彼の長所でした。ある日、黒人のメイドが大統領にこう質問しました。「閣下、『浮き』って何ですか」。大統領は「浮きというのは釣り道具の一つで、水面に浮きを浮かべておくと魚がかかったのがわかるんだ」と答えました。そして、何日か後、大統領は自ら浮きを探してきて、そのメイドに見せました。国政のことで忙しいはずの大統領が、メイドの小さな質問にも関心と配慮を見せたのです。このように相手が誰であっても、一人一人に気を配ることはとても素晴らしいことです。私たちはほかの人の話をよく聞いてあげるべきです。相手の話を途中でさえぎって、自分が話してはいけません。

また、人の話をよく聞くときは、笑顔が伴うべきです。この世の重荷を全部背負っているような暗い顔をしたリーダーに、誰が話をしたいと思うでしょうか。笑顔で明るく接する人は、人々の心を引き出すことができます。リーダーは、人々を言葉だけではなく、顔の表情でも治めることができなければなりません。会社の社長が怖い顔で出社したら、部下たちはそれを見て「まずいな。社長に何かあるのかな。今日も一日会社の雰囲気が良くないな」と思うでしょう。すると当然、能率は上がりません。しかし、社長が朝、明るく「おはよう」とあいさつすると、会社の雰囲気は明るくなり、社員たちは意欲を持って働くでしょう。

最近はチアリング・リーダーシップ（cheering leadership）ということがよく言われています。スポーツの試合にはチアリーダーがいます。チアリーダーが場内の雰囲気を盛り上げるように、リーダーは雰囲気を盛り上げ、明るくさせ、笑顔で話を聞いてあげ、配慮し、励ましてあげる人になるべきです。

さらにリーダーが人々に接するときに忘れてはならないことは、人々の潜在能力を認めてあげることです。ゲーテは「相手を潜在的にできる人として接しなさい。そうするとその人は自分の潜在能力を十分に発揮して、そのような人になる」と言いました。皆さんが人に接するとき、その人の中の潜在能力を見るべきです。神様が私たちをそのように見て、接してくださるからです。神様は私たちに語ってくださるとき、また預言の言葉を下さるとき、神様の期待と計画を語ってくださるのです。そして、私たちの潜在能力と賜物と召命を大きく引き伸ばし、私たちにビジョンを与えてくださり、私たちを引っ張ってくださるのです。

私はイギリスに留学中、博士論文を提出しなければなりませんでした。そのためにはまず、博士論文計画書を作り、提出しなければならなかったのですが、それは簡単なことではありませんでした。一年か一年半以上かかってパスする人もいたのです。しかし私の論文の計画書は六カ月で合格しました。

論文が完成してから振り返ってみると、私を受け入れてくださった先生方に感謝の心が生じました。こんな未熟な論文でどうして合格することができたのか、恥ずかしく思いました。しかし、先生方は私の潜在能力を見て、パスさせてくださったのです。そして、メンタリングを通して、私に論文の書き方も教えてくださいました。すると目が開かれ、ほかの人を指導するまでに成長することができたのです。私の潜在能力を認めてくださった先生方のおかげで、私は無事に博士課程を終えることができたのです。

周りの人に接するとき、現在の姿だけではなく、その人の中にある賜物、召命、神様の目的、潜在能力などを見て、励まし、ほめ、建て上げ、力を与えてください。そうすると、その人は成功するようになり、その人を通して皆さんも成功するようになります。エマーソンはこう言いました。「私が出会ったすべての人は、私より優れたところを少なくとも一つ以上は持っている」。家族の間で互いに長所を知り、励まし、ほめ合うと、幸せな家庭になります。しかし、短所だけを見て「あなたはこれもできないのか」と非難し合うと、その家庭は地獄になります。

また、私たちは相手から学ぼうとする謙そんな心を持つべきです。本を通して学ぶよりも、人を通して学ぶことの方がたくさんあります。私の経験からすると、本よりも人の方がよりたくさんの学びのチャンスを与えてくれます。私は海外の学会やカンファレンスに行くと、誰から学ぶべきかを一日かけて観察します。二日目からは食事のとき、その人のところに行って自己紹介をし、一緒に食事をします。彼らとの会話の中で必ず何かを学びます。彼らから学んだものを韓国に持ち帰り、講義のときに活用すると、生きた講義になります。本で読んだ内容ではなく、経験を通して悟り、感動を受けたものですから、人々がチャレンジを受けるのです。周りの人をよく観察してみてください。少なくとも二つ以上は自分より優れたところを持っているでしょう。それらのものを認めて、学習する態度があれば、四次元のリーダーシップを開発していくことができるのです。

トルストイは「この世で一番大切な時は今で、この世で一番大切な人は、今会っている人、この世で一番大切なことは、今やっている仕事を通して最高の善を行うことだ」と言いました。私たちがリーダーとして人脈をきちんと管理するためには、現在の出会いを大切にすべきです。

人に接する五つの原理

1. 配慮の原理
2. 傾聴の原理
3. 笑顔の原理
4. 潜在能力認定の原理
5. 学習の原理

情熱を持って働こう

最後に、リーダーには自分の使命を推進する熱い情熱が必要です。神様も世の初めから今まで、情熱的に働いておられるのです。何十億人の祈りを聞かなければならないので、今も寝ずに働いておられるのです。天使たちも忙しく働いています。イエス様も情熱を持って一生懸命働かれました。「わたしたちは、わたしを遣わした方のわざを、昼の間に行わなければなりません。だれも働くことのできない夜が来ます」（ヨハネ九・四）

使徒パウロも情熱的な人でした。彼はエペソの教会で三年間、昼夜休むことなく、涙で一人ひとりを訓戒してきたと告白しています。伝道者の書九章一〇節を見ると「あなたの手もとにあるなすべきことはみな、自分の力でしなさい。あなたが行こうとしているよみには、働きも企ても知識も知恵もないからだ」とあります。この地上で、私たちは情熱を持って働くべきです。皆さんが天国に行くと、伝道したり奉仕したりすることはできません。違うことをするようになります。ですから、今の仕事に情熱的に取り組んでください。情熱を持って働くとき、メンバーを力強く導くリーダーとして成功することができるのです。

リーダーとして成功した人々を見ると、情熱的な人がたくさんいます。ヒュンダイ（現代）グループのチョン・ジュヨン会長は、毎朝早く起きました。そして毎朝、その日にすべき仕事が楽しみで、興奮したそうです。朝目が覚めると、まるで小学校時代の遠足の日の朝のように感じたと言います。私がイギリスにいたとき、私が通っていた教会にチョン会長の秘書をしていた人がいました。彼女はたまにチョン会長について話してくれましたが、会長は情熱あふれる人だといつもほめていました。誰よりも早く出勤して、情熱を尽くして働き、絶えずアイデアを考えていたので、誰もが感動するほどの推進力があったそうです。この世の人でさえ、お金と名誉のために情熱を持って働いているのですから、神様から偉大な使命を頂いた私たちは、さらに情熱を尽くして働くべきでしょう。

イエス様は情熱のないラオデキヤ教会に「わたしは、あなたの行いを知っている。あなたは、冷たくもなく、熱くもない。わたしはむしろ、あなたが冷たいか、熱いかであってほしい」（黙示録三・一五）とおっしゃいました。これは、情熱もなく形だけで神様の働きをするなら、やらないほうがいいということを教えています。神様は、私たちが情熱的な態度を持つことを願っておられるのです。

では、どうすれば情熱を手に入れることができるのでしょうか。情熱は英語で「enthusiasm」と書きます。これをラテン語の語源で解釈すると、「神様（theos）の中（en）」という意味です。神様のうちにいるとき、私たちに情熱が生じるのです。ですから、ヨハネの黙示録三章一九節で「わたしは、愛する者をしかったり、懲らしめたりする。だから、熱心になって、悔い改めなさい」とおっしゃったのです。皆さんは教会で、どれほど情熱的に神様に仕えているでしょうか。また職場で、どれほど情熱的に働いているでしょうか。もし、皆さんが会社で働いているのなら、毎朝、始業時間の十分から二十分早く行き、祈りながら一日の計画を立てるとよいでしょう。

ノーマン・V・ピール牧師はこう言いました。「たった一日も、たった一時間も、落胆と挫折と憂うつにとどまることなく、再び情熱に火をつけなさい」。私たちの中には情熱があります。この火が小さくなっているなら、神様に情熱を求めてください。神様は私たちの心の中の火を、再び燃え上がらせてくださいます。皆さんが、現在を楽しむ情熱的なリーダーになることを願います。

SECRET 2

Thinking & Practice

Thinking

黙想と実践

考えてみよう

1．肯定的な考えを「選択」しようとするとき、それを妨げる内なる要因は何であるか考えてみましょう。

2．今している仕事を楽しいと感じるようになるためには、どのような態度が必要か考えてみましょう。

3．現在の状況の中で、自分が大切にするべき人は誰か、考えてみましょう。

4．情熱が冷めているなら、なぜ情熱が冷めているのか、そしてどうすれば再び情熱を回復することができるのかを考えてみましょう。

Practice

実践しよう

今日自分に起きたことを記録して、次の日の計画を立てるための時間活用ダイアリー作り

細かくダイアリーを付けると、今日と明日を忠実に生きることができます。リーダーは今日を節約して、毎時間、忠実であるべきです。この事実を悟り、今日この時間に最善を尽くせるよう、体系的な時間活用ダイアリーを用いる習慣を身に付けてください。

証しと例話

情熱はほかの人々に感動を与える

アメリカ中を覆った経済不況によって、たくさんのアメリカ人が苦しみを受けた時期がありました。大勢の人が毎日つらい日々を過ごしていました。その中に「鉄鋼王」アンドリュー・カーネギーもいました。彼もやはり不況の影響によって、最悪な状況に追い込まれていました。状況は改善されず、悪くなる一方でした。彼は次第に「こんなつらい生活をするより、ここで人生を終わりにした方がましだ。希望が見えない」と絶望的なことを考え始めました。

彼は悩んだ末、命を断つことに決め、川に飛び込むために家を出ました。川に着いて、ちょうど角を曲がろうとしたとき、一人の男性が彼に向かって叫びました。

「先生、ちょっと待ってください」

カーネギーは振り返りました。すると、両足のない人が車輪のついた板の上に座っていました。彼は明るい笑顔でカーネギーに言いました。

「先生、この鉛筆を一本買ってください。本当に良い鉛筆です。芯も丈夫です。お求めになっても後悔はしないと思います」

カーネギーは、彼が持っている鉛筆を見て、ポケットから一ドルを出して彼にあげました。カーネギーはお金だけ払って、再び川に向かいました。そのとき後ろから、車輪の回る音とカーネギーを大声で呼ぶ声が聞こえました。

「先生。お求めになった鉛筆を持っていってください」

「いいえ、大丈夫です。私はもう鉛筆など必要ないのですから」

「いいえ、先生。もしこの鉛筆がいらないのであれば、このお金を持っていってください」

カーネギーを見つめる彼の顔は、相変わらず笑顔でした。彼の積極的な態度に負けて、結局、カーネギーは彼が差し出した鉛筆を受け取りました。人生が楽しくて幸せだという表情で渡してくれる彼を見て、カーネギーは自分が恥ずかしくなりました。

「私はこれ以上生きる意味がないと思ったが、目の前にいる両足のないこの人は、絶望どころか、限りなく美しい笑顔で生きている。彼の人生も楽ではないはずなのに、彼は生きている。それなら私も死ぬ理由はないだろう。この世に生きる理由がやっとわかった。私には自殺する理由がない」

カーネギーは川に向けていた足を止め、家に引き返しました。そして心を改めて再出発し、ついに事業に成功して、有名な富豪になったのです。

このように、一人の情熱はほかの人に伝染して影響を与えます。情熱を持って、一日一日を過ごしてください。皆さんの情熱が皆さんの人生だけではなく、周りの人の人生をアップグレードさせるのです。

成功する霊的指導者の七つの秘訣

SECRET 3
信仰の三重武装をする

イエス様の血潮の力を悟り、血潮で武装する

聖霊の油注ぎを求める

神様のみことばを心に満たす

SECRET 3

信仰の三重武装をする

「聖霊で満たされないことは、与えられた特権を拒むことだ」

D・L・ムーディ

四次元のリーダーシップを開発するにあたって、私たちが知っておくべき三番目の秘訣は、信仰による三重武装をしなければならないということです。ここでの信仰とは、神様の存在とみことば、そして真実性に対する信仰が含まれています。では、信仰はなぜ必要なのでしょうか。まず、信仰は神様との関係を開くからです。この世のどんなものも、神様と私たちの関係を開くことはできません。信仰があってこそ、神様と私たちは前とは全く違う関係、つまり親子関係を築くことができるのです。

また信仰は、四次元の奇跡を起こす通路です。私は毎朝起きるとこう宣言します。

「天の父よ。今日も奇跡の一日です。今日も私が奇跡の使命者です」

私の力と知恵では主の働きを全うすることができません。そこで、私に油を注ぎ、聖霊で立たせてくださり、奇跡を体験させてくださるようにと神様に求めます。このように切なる求めをするとき、神様の奇跡的な力が現れる体験をします。信仰は、私たちの限界と能力を乗り越える力なのです。

そして信仰の法則は、重力の法則や空気力学の法則よりも力強いものです。私たちが高いところから飛び降りると、重力の法則によって下に落ちます。空気力学の法則は、私たちが飛行機に乗ったときに、下に落ちることなく空を飛べるようにしてくれます。しかし、重力の法則や空気力学の法則も、現実世界に属している三次元の法則であり、限界があります。

四次元の信仰の法則は、三次元の法則を支配します。エリコの町を七日間回った後、叫び声を上げると城壁が崩れたという事実は、三次元の世界では理解できません。「神様がおっしゃると、その通りになる」という信仰によらなければ、説明がつかないのです。つまり、この四次元の法則は、重力の法則や空気力学の法則を支配する法則なのです。

聖書を見ると、人々は信仰の目、つまり霊の目を持っています。アラムの軍隊がイスラエルを攻めてきたとき、エリシャのしもべや人々は恐怖でおびえていました。ところが、エリシャはたくさんの火の馬と戦車が、エリシャを取り巻いて山に満ちているのを霊の目で見ることができました。新約聖書では、エマオに向かっていた二人の弟子は、霊の目が開かれたときに、イエス様が共におられたことがわかりました。ステパノも殉教するとき、イエス様が天の御座の右側に立っておられるのを信仰の目で確かめました。

私たちも信仰の祖先のような霊の目を求めて祈るべきです。また、神様の御前で私たちの信仰を常に点検し、成長させていきましょう。神様が願っておられる信仰を持つとき、私たちは成功することができます。では、どのようにすれば四次元の信仰を開発し、成功するリーダーになれるのでしょうか。

イエス様の血潮の力を悟り、血潮で武装しよう

四次元の信仰を開発するためには、血潮と油とみことばの武装が必要です。私は、毎朝このように祈ります。

「イエス様の血潮で頭のてっぺんからつま先まで覆って、神様のみことばで武装させてください」

信仰を開発する方法

1. イエス様の血潮の力を悟り、血潮で武装する
2. 聖霊の油注ぎを求める
3. 神様のみことばを心に満たす

まず、イエス様の血潮の力に頼ることによって、信仰を開発することができます。

マルティン・ルターも「聖書を絞ってみよ。そうすると血が流れてくる」と言いました。聖書は血潮の本です。聖書のあらゆるところに血潮が出てきます。アダムとエバが罪を犯したとき、神様は動物の血を流して、その皮で二人の羞恥心を覆ってくださいました。旧約時代の祭司長たちは、常に神殿の道具に血を塗りました。

イエス様の血潮には力があります。血潮は私たちの罪を赦し、私たちに命を与える力があります。ヘブル人への手紙九章二二節にも「それで、律法によれば、すべてのものは血によってきよめられる、と言ってよいでしょう。また、血を注ぎ出すことがなければ、罪の赦しはないのです」とあります。

ノルウェーに行くと、十字架の代わりに羊を立てている教会がありました。その教会を建築していたとき、一人の職人が屋根の上で工事をしていると、足をすべらせて屋根から落ちてしまいました。ところが、羊の上に落ちたので、命が助かったのです。しかし、羊は職人の代わりに死んでしまいました。このような出来事から、その教会は十字架の代わりに羊をかけ、教会の名前を羊の門教会と名付けました。主は私と皆さんの命を守るために、自ら身代わりとなって、血の代価を払ってくださった小羊です。イエス様の血潮で、私たちは命を得ることができたのです。

そして、この血潮には病気をいやす力があります。イザヤ書五三章五節には「彼の打ち傷によって、私たちはいやされた」とあります。私が小学校五年生の時のことです。当時私はてんかんを持っていて、つらい日々を過ごしていました。友だちと遊んでいるときも、歯を磨いているときも、発作が起こり、倒れました。母はそんな私のために、いつも祈りながら「ヨンギ。イエス様があなたの病をいやしてくださるよ」と励ましてくれました。ある日、ヨイド純福音教会の水曜夕拝に参加していると、母が幻を見ました。その幻の中で、イエス様は光を放ちながら、大きな部屋の中にいました。私はその前にひざまずいていました。イエス様が両手を広げて、私の方に歩いて来ました。そして私の頭に手を置いてこうおっしゃったのです。

「わたしはあなたを愛している。わたしがあなたをいやす」

この幻を見た母は、こう宣言しました。

「ヨンギ、お前の病はいやされたよ。イエス様がお前をいやしたのよ。ハレルヤ！」

その後、私のてんかんは完全にいやされました。私が初めて出会った神様は、いやしの神様でした。私のてんかんをいやされた神様は、皆をいやすことを願っておられるのです。私たちは、イエス様の打ち傷によっていやされることを忘れてはならないのです。

また、イエス様の血潮には、悪霊を追い出す力があります。ヨハネの黙示録一二章一二節には「それゆえ、天とその中に住む者たち。喜びなさい。しかし、地と海とには、わざわいが来る。悪魔が自分の時の短いことを知り、激しく怒って、そこに下ったからである」とあります。地球村純福音教会（金ヤンベ牧師）は、血潮で教会がリバイバルしました。イエス様の血潮を認め、教会の中でその力を宣言し、悪霊を血潮の力で縛り、追い出したのです。このようにして、教会の中にイエス様の血潮の力が現れると、人々は生きておられる神様を信じ、礼拝するようになりました。

また、イエス様の血潮は呪いを祝福に変えます。一日七時間以上祈る伝道師がいました。彼がそんなに長く祈ることができたのは、血潮によって祈るからでした。その伝道師は、あまり勉強のできない子どものために、イエス様の血潮で知恵が与えられるようにと祈りました。忍耐強い祈りによって、その子どもはソウル大学に入ることができました。その伝道師の証しを聞くと、それ以外にもたくさんの祝福を、イエス様の血潮によって頂いたということです。私たちがイエス様の血潮に頼って祈ると、環境の呪いは縛られ、問題が解決し、天の祝福を体験するようになります。イエス様の血潮は、生きておられる神様に仕えることができるようにさせてくれます。私たちの良心をきよめる力があるのです。

では、どうすれば私たちはイエス様の血潮で武装することができるのでしょうか。まず、私たちは血潮によって洗うべきです。私たちの汚れたすべてを、血潮できよめ流す必要があります。二番目に、血潮を塗るべきです。旧約時代の祭司長が動物の犠牲の血を自分に塗ったように、私たちはイエス様の血潮を塗らなければなりません。三番目に、血潮を飲むべきです。私たちが水を飲む時も、ジュースを飲む時も、祈りながら飲むのです。イエス様の血潮を私に下さいと祈るべきです。四番目に、血潮を振りかけるべきです。私たちが生きているこの時間と空間に、イエス様の血潮を振りかけることが大切です。そうすることによって、血潮の力を私たちの人生のすべての領域で、いつも宣言することが必要です。

このようにイエス様が流した血潮の力で武装するとき、四次元の信仰は開発され、成長します。

聖霊の油注ぎを求めよう

私たちは、聖霊の油注ぎを求める必要があります。ベニー・ヒン牧師が、聖霊の油注ぎがどれほど大切であるかを悟った出来事がありました。一九八〇年のある土曜日、デトロイトで行われる集会の

》イエス様の血潮の力

1. 罪を赦し、命を与える
2. 病をいやす
3. 悪霊を追い出す
4. 環境の呪いを縛る
5. 良心と信仰をきよめる

ためにホテルで祈っていたとき、ベニー・ヒン師は聖霊の強い臨在を感じました。夜明けまで聖霊と交わりながら祈った後、主日の朝の集会を導きましたが、その日デトロイトに神様が大きく働いてくださいました。人々が悔い改め、病がいやされ、神様の臨在を体験したのです。

ベニー・ヒン師はその日の夜の集会前、お姉さんと久しぶりにランチの約束をしていました。しかし聖霊様は「今すぐホテルに戻って、明日の集会のために祈りなさい」と言われました。そのとき、彼は心の中で「神様、久しぶりに姉と交わるのに、今すぐ変えることは無理です。食事の後、祈ります」と考えました。結局ベニー・ヒン師は聖霊の声を無視して、お姉さんとの時間を過ごし、午後ホテルに戻って来てから集会の準備をして、夜の集会を導きました。しかしそこには、何の神様の働きもありませんでした。人々はメッセージに無反応でしたし、いやしもありませんでした。そのとき、ベニー・ヒン師は悟りました。私たちには聖霊の油注ぎが必要ですが、それは私たちの従順を通して与えられるのです。

その後、ベニー・ヒン師の祈りはこのように変わりました。「聖霊の油注ぎを止めないでください。油注ぎがないなら、死んだ方がましです」。私たちが教会の指導者として用いられることを願っているのなら、聖霊の油注ぎを慕い求めるべきです。私たちがリーダーとして用いられる瞬間から、サタンと病と死との霊的な戦いが始まります。油注ぎはまさしく神様の力ですから、神様の大いなる力は私たちが勝利するように守ってくださるはずです。

聖霊の油注ぎには三種類があります。一番目は、贖いの油注ぎです。レビ記一四章には、ツァラアトに冒された者をいやすとき、祭司長は彼を陣営の外に連れ出して、犠牲の血を振りかけた後、陣営に戻り、油を塗って贖いをするよう定められています。ツァラアトに冒された者の油注ぎは、私たちが救われるための贖いの油注ぎです。ここで注目すべきことは、血を塗った後、油を塗ったということです。私たちが四次元の信仰で武装するためには、まず、血潮で武装し、その上に油を注いでくださるように祈るべきなのです。

二番目の油注ぎは祭司的な油注ぎです。旧約時代の祭司たちは、任職の時、油を注がれました。このときの油注ぎは、聖霊の臨在と親しい交わりを意味します。聖霊の油注ぎがあるとき、聖霊が私たちの心に臨まれ、私たちと交わりをするのです。聖霊との交わりが深くなるほど、私たちへの油注ぎは増し加わります。ところが、私たちに罪、高慢、怒り、憂い、怠慢などが入ってくると、油注ぎは減っていきます。エペソ人への手紙五章一八節には「また、酒に酔ってはいけません。そこには放蕩があるからです。御霊に満たされなさい」とあります。ここで、「満たす」という意味のギリシャ語は現在形で書いてあります。これは、私たちが毎日油注ぎに満たされるべきであることを意味します。

私たちが霊的な訓練と聖霊の油注ぎを求めなければ、油はだんだんと減っていきます。例えば、油を入れた入れ物に穴が開いていると、油はもれてしまいます。目に見えない小さな穴からも油はもれます。ですから、私たちの中にある不純物、汚れ、神様の働きを妨げる考えなどを、私たちは悔い改めなければなりません。エペソ人への手紙四章二七節には「悪魔に機会を与えないようにしなさい」とあります。このエペソ人への手紙四章の文脈を見ると、悪魔が狙うさまざまな要素があることがわかります。赦さない心、怒り、悪い言葉などがそうです。このような罪を犯した後は、悪魔に機会を与えることになり、聖霊様の油注ぎが減少します。いったん減ってしまった油を満たすためには、たくさんの時間がかかります。ですから私たちは、神様が毎日新しい油を注いでくださるように祈るべきなのです。

三番目の油注ぎは、王的な油注ぎです。これは悪魔の働きを制限して、打ち勝つことができる力強い霊的権威を持っています。ツァラアトに冒された者の油注ぎは贖いの油注ぎから来るもので、祭司の油注ぎは毎日の聖霊様との親しい交わりを通して頂けるものです。王的な油注ぎは、私たちが神様にすべてを献身し、従うときに頂けます。

一八九五年にウィグルス・ワースという偉大な働き人がいました。彼には素晴らしい信仰の賜物があって、十三人の死んだ人をよみがえらせました。ある日、彼がアリゾナのある集会を導いたとき、結核に冒された一人の女の人が参加しました。ウィグルス・ワースは彼女に言いました。「これから私があなたのために祈ります。あなたはその間、この建物の周りを走ってください」。すると彼女は「私には立っている力もありません」と言いました。ウィグルス・ワースは迷っている彼女の手を握って、一緒に走り始めました。ところが、立っている力もなかったはずの女性は、ウィグルス・ワースに引っ張られて、普通に走っていました。これを見た人々は、皆驚きました。このようにウィグルス・ワースには素晴らしい信仰の賜物がありました。そして、王的な油注ぎがある人でした。私たちも皆、普通の信徒ではありません。私たちは力を持つ偉大な神様の働き人になれます。聖霊の油注ぎを受けると、私たちは知恵と力を頂きます。ですから、聖霊の油注ぎを心から慕い求めるべきです。

最近、私が霊的世界について学ぶ中で悟ったことは、神様はご自身を心から慕い求める人を祝福するということです。私たちには霊的などん欲さが必要なのです。神様はなぜ、エサウではなくヤコブを選んだのでしょうか。ヤコブはうそつきで、詐欺師でした。一方、エサウは力もあるし、狩りもできる勇士でした。しかし、エサウは霊的な祝福を軽んじ、ヤコブは霊的な祝福を常に求め続けました。ですから、神様はヤコブを選んだのです。私たちは霊的などん欲さをもって油注ぎを求めるべきです。特に聖霊の九つの賜物と実を求めましょう。異言の賜物、異言を解き明かす賜物、預言の賜物、知恵の言葉の賜物、知識の言葉の賜物、霊を見分ける賜物、信仰の賜物、いやしの賜物、奇跡の賜物、そして同時に、愛、喜び、平安、寛容、親切、善意、誠実、柔和、自制を求めましょう。

それでは、油注ぎはどのように与えられるのでしょうか。油が力強く注がれた神様のしもべが手を置いて祈る時に、油は注がれるのです。エリシャがエリヤの二倍の力を求めたとき、それが可能になったように、私たちも信仰のメンターや先輩に、最後までついていくべきです。また、聖霊の油が注がれた人の講義を聞き、その人の本を読んでください。そのとき、あなたにも油注ぎが与えられるのです。

油注ぎは力強い祈りの中で与えられます。「Soaking Prayer」という祈りがあります。これは「びっしょりぬれて祈る」という意味ですが、アメリカのビンヤード教会のジョン・ウィンバー牧師が提示した祈りです。私たちが祈るとき、聖霊の油注ぎを求め、もう一度求めて、さらに求めると、油注ぎはどんどんと増し加わります。そして、完全に油注がれ、びっしょりぬれる状態にまでなるのです。心から慕い求めて祈ると、私たちの中に注がれた油は増していくのです。

神様のみことばを心に満たそう

みことばは、神様の考えそのものです。私たちがみことばを受け入れるというのは、神様の考えを受け入れるということです。神様の考えであるみことばを心に刻むとき、信仰が生まれ、そのみことばの中から、神様は夢と幻を見せてくださるのです。私たちはその神様のみことばを宣言し、ほかの人に四次元の言葉で伝えるのです。

ですから、霊的な指導者にとって、いつもみことばと共に過ごすトレーニングはとても大切です。みことばを読んで黙想し、暗唱し、聞いて、研究するとき、私たちの知恵があふれるようになります。詩篇一一九篇には、私たちがみことばを黙想するときに与えられる素晴らしいことについて書かれています。私たちは子どもを育てるとき、この世の知識だけではなく、知恵を植えてあげる必要があります。知恵とは、物事の現状を深く理解し、洞察する力であり、問題を解決する能力です。

アメリカにベン・カーソンという有名な黒人外科医がいます。彼は『Think Big（大きく考えよ）』という本を書いて有名になりました。ベン・カーソンは、自分の成功の秘訣は毎日箴言を読むことだと言いました。彼は箴言を毎日一章ずつ読んで、一カ月に一回箴言を読み終えます。ビリー・グラハム牧師も毎日箴言と詩篇を読んだと告白しています。詩篇と箴言のみことばは、私たちの人生に知恵を与えてくれるみことばです。神様のみことばにいつもとどまり、黙想すれば、知恵が与えられます。私たちが神様のみことばを愛し、絶えず私たちの内にみことばが住むとき、悪い道に曲がることなく、祝福の道を歩むことができるのです。

私たちは聖書のみことばを心に受け入れて、信仰を開発するための資源にすべきです。みことばによる武装の一番効果的な方法は、五本指のモデル「黙想する、暗唱する、研究する、読む、聞く」を活用することです。私たちは毎日聖書を読んで、聞いて、黙想して、研究して、暗唱すべきです。一節一節が私たちの心の中に染み渡り、内なる人の骨となり、肉となるように吸収するべきです。牛は四つの胃袋を持っています。餌を食べると、それを何回も反すうして、すべての栄養分を吸収することにより、健康な肉体を維持しています。これと同じ原理です。

私たちの脳には百四十億の細胞があり、私たちが見るすべてのものは、無意識のうちに私たちの脳に刻まれているそうです。たとえ記憶することはできなくても、無意識の中に蓄えられるのです。

ですから、私たちがどんな本を読むのかということは、結局、私たちの無意識に何を入れるかにつながります。私は信仰書を読むとき、線を引きながら読みます。また、大切なポイントには丸をつけます。後でもう一回その本を読むときは、線と丸を中心に読むので、早く読めます。このように整理した本を何度も読むと、後でほかの人に何かを伝えることができる状態になります。みことばを黙想すると、それは力強いエネ

>> みことばの5本指のモデル

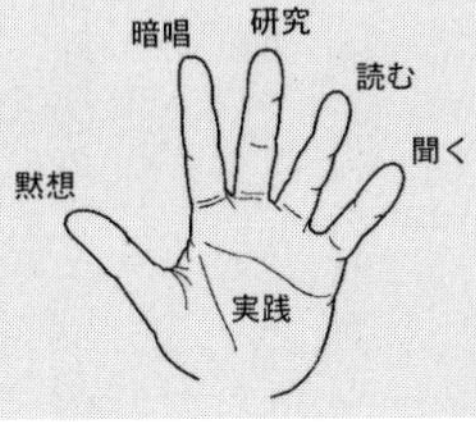

ルギーになるのです。

　また私たちは、みことばを暗唱することに挑戦しましょう。暗唱したみことばは、私たちがサタンを攻撃するときやほかの人々に何かを勧めるとき、また相談に乗るとき、約束のみことばを宣言するときに、大きな力となります。さらに、このように黙想して暗唱した神様のみことばを研究するように努めましょう。

　中でも、神様のみことばと御声を聞くことは、みことばの訓練の最上位に位置する高い次元のことです。私たちが神様のみことばに近づくと、神様のみことばがある瞬間から生きたみことばになります。旧約聖書を見ると、『次のような主のことばが私にあった』というみことばが三千八百三十回出てきます。私たちが四次元の霊性の訓練をするためには、神様のみことばがまず自分のものにならなければなりません。神様のみことばの中には神様の考えが入っており、そのみことばの中には、私たちの信仰がわき出るための数多くの知識と資源が隠されています。イエス様ご自身も、旧約聖書のみことばをそのまま受け入れました。そして、四十日の断食の後、サタンの試練のときにも、旧約聖書のみことばを引用して勝利しました。

　私たちの心の中に聖霊によって入って来るみことばを、レーマ（Rhema）と言います。ロゴスが、単に記録されたみことばだとしたら、レーマは生きている神様のみことば、顕在化したみことば、今この時間に宣言されたみことばだと言えます。神様のみことばがレーマとして私たちの内に臨むと、恐れや心配、不安、憂いがなくなります。ですから、私たちは「天の父よ、私にロゴスとレーマを下さい」と祈るべきです。記録されたみことばを信じる時も力はありますが、このみことばが生きたみことばとして入ってくると、さらに大きな力になります。

私は大学時代、とてもつらい時期がありました。そんなとき、道を歩いていると、ピリピ人への手紙のみことばが与えられました。「何も思い煩わないで、あらゆるばあいに、感謝をもってささげる祈りと願いによって、あなたがたの願い事を神に知っていただきなさい。そうすれば、人のすべての考えにまさる神の平安が、あなたがたの心と思いをキリスト・イエスにあって守ってくれます」（ピリピ四・六〜七）。このみことばが私の内に入ってきてから、霊に力がわき出て、平安になり、直面していた問題が、もうそれ以上心配ではなくなりました。そのみことばが私をいやし、命を与えてくれたのです。私たちはみことばを愛し、絶えず研究し、読むことで、信仰を開発していくべきです。

イエス様は、みことばが人となられたお方です。イエス様は《歩くみことば》でした。イエス様に似ていくためには、私たちも「小さいイエス」になって、《歩くみことば》になるべきです。みことばで満たされるべきです。ペテロの手紙第一の四章一一節には「語る人があれば、神のことばにふさわしく語り」とあります。私たちがみことばの人になるとき、私たちを通して神様のみことばが流れます。私たちの口から神様のみことばが流れ出るためには、私たちの内がレーマであふれるべきです。

私たちは神様のみことばを愛し、みことばで霊を満たすことで、四次元の世界を生きる信仰を開発すべきです。皆さんがイエス様の血潮と聖霊の油注ぎと神様のみことばであふれる、力強い信仰のリーダーになるように祝福します。

Thinking

黙想と実践

考えてみよう

1. イエス様の血潮を塗り、振りかけ、飲み、適用するためには、具体的にどうすればよいか考えてみましょう。

2. 聖霊の油注ぎを受けるために、あなたの人生の中で捨てなければならないものは何かを考えてみましょう。

3. 神様があなたに下さったレーマのみことばには、どのようなものがあるか、考えてみましょう。

4．神様のみことばを読んで、レーマを頂くために、何をすべきか考えてみましょう。

Practice

実践しよう

祈りの課題を書いて、それに対するレーマを頂くたびに記録できるような、祈りのノートを作る

私たちは瞬間ごとに、神様の答えを頂きながら生きています。ところが、そのような答えを無視してしまうことがたくさんあります。祈りのノートを作り、神様との会話の内容を書き記しましょう。疲れて信仰が揺れるとき、神様がいつも共におられたことを悟らせてくれる、大切な役割を果たします。

証しと例話

聖書の原理で成功した「百貨店王」

デパート事業の先駆者として、後ほどアメリカの郵政省長官にもなったジョン・ワナメーカーは、「百貨店王」と呼ばれました。彼は百貨店の店員から始め、三十一歳になった一八六九年には、アメリカで一番大きなデパートを建てた実業家になりました。彼は未来を予測する優れた洞察力と正確な経営能力を持っていました。彼が投資して仕入れた品は、莫大な利益を上げました。ジョン・ワナメーカーが投資したものは、いつも最高の価値を生み出しました。ある日、新聞記者が彼にインタビューしました。

「あなたが今まで投資したものの中で、一番成功したものは何ですか」

彼はしばらく考えた後、はっきりと言いました。

「私の財産は全部で二百億ドルくらいです。この中で一番大切なものは、私が十一歳のとき、二ドル七十五セントで買った赤い革表紙の聖書です。この聖書が今日の私を造ったからです」

ジョン・ワナメーカーは貧しい少年時代、聖書を読みながら夢を抱きました。彼は聖書の教えを実践して、世界的な大富豪になったのです。彼は聖書の原理を握って、十三歳の時から弁護士の個人執事や印刷所の助手などをしながら、お金を稼いでいました。そんなある日、彼は母親にプレゼントするハンカチを買いましたが、考えが変わって、返品しようとしました。しかし、店員さんに一言で断られてしまいました。これがきっかけで、「もし自分が商売をするようになったら、いつでもお客さんが買い求めた品は返品、交換しよう」と決めました。実際に、これは後ほど、彼の商売倫理確立に大きな影響を与えました。それまでの商売倫理は「とりあえず利益が出ればいい」という考えでした。しかしそのような中で、顧客の利益や便利を第一に考え、顧客の権利を最優先にする新たな商売倫理を確立させたのが、ジョン・ワナメーカーだったのです。

彼は、病気だった母親と一緒に通っていた教会の牧師の勧めで、十九歳の時から三年間、キリスト教青年会の総務の働きをしました。このとき身に付けたキリスト教の倫理意識と、十一歳から読んでいた聖書は、彼が事業家として成功した基盤になりました。

最近発見された一八五四年のニューヨーク・デパートの公示文は、ジョン・ワナメーカーの信仰の実践の一面を見せています。

「社員諸君。安息日（主日）にはどんなことがあっても出勤してはいけません。葉巻を吸ったり、床屋でひげをそったり、ダンスホールや酒場に行くためには、必ず会社にその理由書を提出すること。本社の社員は教会に年間五ドル以上の献金をすること。また、毎週日曜日には教会に行き、礼拝と教会学校に出席すること……」

彼の成功の秘訣は、みことばにありました。聖書のみことばを握って生きる人は絶対に失敗しません。神様のみことばが中心に立ち、すべての判断をみことば中心に行う人こそ、神様のうちで真の成功を味わうことができるのです。

成功する霊的指導者の七つの秘訣

SECRET 4
心に神様の夢を設計する

祈りで夢を設計する

荒野の学校に合格して、苦難を友とする

夢を実現するために実力を付ける

夢を握り、忍耐して献身する

SECRET 4

心に神様の夢を設計する

「夢を見ることができるのなら、実現も可能である」

ウォルト・ディズニー

四次元の霊性を開発するためにリーダーが知っておくべき四番目の秘訣は、心の空に神様の夢を設計することです。私たちの人生には、四次元の夢が必要です。神様が下さる夢を抱くのです。

「人間」という言葉は、ギリシャ語で「アンスロポス（Anthropos）」と言います。これは「上を見上げる者」という意味です。皆さんが真の人間であるなら、上を見上げる人になるべきです。心の中に希望がないと、生きていても死んだも同然です。ハワード・ヘンドリックスはこう言いました。

「リーダーの心の中には磁石が、そして頭の中には羅針盤がなければならない」

心には人々の心を引き寄せる魅力があり、頭にはどの方向に行くべきかというビジョンがある人こそ、素晴らしいリーダーとなります。つまり、リーダーになるためには、まず夢を設計しなければならないのです。

心の空に神様の夢を設計するためには、まず祈りによって夢を設計し、荒野の試験に合格し、夢をかなえるために実力を付け、絶えず忍耐して献身する必要があります。これから、この四つの要素について具体的に見ていきましょう。

祈りで夢を設計しよう

心の空に神様の夢を設計するための第一の要素は、祈りによって夢を設計することです。天国は神の国にもありますが、私たちの心にもあります。神様は、まず天でみこころを定めて成し遂げ、それから地でみこ

》心に神様の夢を設計しよう

1. 祈りで夢を設計する
2. 荒野の試験に合格して、苦難を友とする
3. 夢を実現するために実力を付ける
4. 夢を握り、忍耐して献身する

ころを成し遂げられるのです。私たちが聖霊に導かれて祈るとき、神様は私たちの内に臨まれ、心の空に神様の夢を与えてくださるのです。神様は私たちの心に、明確なメッセージを下さいます。そして、私たちが祈る中で、神様の計画を具体的に設計してくださるのです。

その夢を持って出て行くと、その夢は人間の野望や世俗的な夢ではなく、神様の夢となります。私たちはみこころが天になるごとく、地にもなることを祈るべきです。このように祈り、設計し、心に夢を抱くと、目に見える三次元の世界で神様のみこころが成し遂げられます。

ウィロークリーク教会（Willow Creek Community Church）のビル・ハイベルズ師は「すべては二回創造される」と言いました。これは「すべてはまず人間の心で創造され、その後、実際に現実の世界で創造される」という意味です。ウィロークリーク教会もまず、ビル・ハイベルズ師の心の中で建てられた後、現実に現れたのです。

チョー・ヨンギ師は、心に設計された夢を実現する人です。チョー師には、全世界に出て行って、すべての人に福音を宣べ伝えるという夢がありました。この夢を実現させるために、チョー師は英語の勉強をし、さらに神様に祈る中で、ヨイド純福音教会という大きな夢が与えられました。さらに祈っていると、漠然としていた夢がだんだんと鮮明になっていきました。そこで先生は信徒に「一万人が入る教会を建てます」と宣言し、西大門《ソデムン》にあった教会をヨイドに移すことを決めました。なぜなら当時、ソウル市長であった金ヒョンオク市長が、空軍の基地だったヨイドという島を、ソウルのマンハッタンにするという計画を発表したのです。しかし、マスコミや世論は攻撃しました。何の施設も上下水道もなく、ほかの場所とつながる橋もないような所に、いったい誰が入るのかと言うのです。その言葉通り、そのような不便な土地を買おうという人は、誰一人現れませんでした。そこでソウル市長はチョー師に、安くしてあげるから十万坪買ってほしいと提案したのです。それだけでなく、教会建設資金も貸してくれました。そのようなさまざまな出来事をくぐり抜けながら、祈りと忍耐の末に建てられた教会が、ヨイド純福音教会なのです。心に刻んだ夢が、祈りの中で現実化したのです。このようなチョー・ヨンギ師の働きを見て、夢を抱き、自分の教会でも大きなリバイバルを体験した人がたくさんいます。

ヨイド純福音教会では、「CGIカンファレンス」をほぼ毎年開催します。教会成長に関心がある全世界の牧会者たちが集まり、ヨイド純福音教会の教会成長原理を中心に、講義を聞きながら学ぶのです。ほとんどの牧会者たちは、考え方や思考パターンが変えられ、新たな夢を抱いて帰ります。実際にシンガポールにあるフェイス・コミュニティー・バプテスト教会（Faith Community Baptist Church）のローレンス・コング師や、南米で一番大きな教会を牧会しているセザール・カステラノス師も、チョー師の本や講義を聞いてチャレンジを受け、信仰で夢を抱く方法を学びました。カステラノス師の場合は、祈りの中で教会開拓を始めました。神様がカステラノス師に海辺の砂浜を見せながら、「わたしがこのようにたくさんの人々をあなたに与える」という力強い確信を与えてくださったのです。カステラノス師は祈るたびに、それを信仰によって願い求めました。彼が夢を抱いて祈る中で、神様がG―一二という概念を与えてくださったのです。「あなたが十二人を弟子として、その十二人もそれぞれ十二人を弟子としなさい」という言葉が頭の中に浮かびました。そして、このG―一二という牧会プログラムによって、教会が大きく成長したのです。

このように私たちは、心の空に神様が下さる夢を設計し、その夢が実現するように祈るべきです。そうすると、三次元でその夢が現実化します。

荒野の試験に合格して、苦難を友としよう

夢が実現する過程で、私たちは必ず荒野の学校を通ります。ほとんどの霊的偉人たちは、苦難と涙の荒野の学校で学びました。韓国最初のメガチャーチであるヨンラク教会を開拓したハン・ギョンジク師も、アメリカで博士課程を目の前にして、ひどい結核に冒されました。ハン師は仕方なく勉強を一時やめ、ニューメキシコ州にある療養所で二年間治療を受けることにな

りました。そこでハン師は祈り、黙想しながら、神様の召命についてトレーニングを受けました。二年後、ハン師は自分が博士課程で勉強することは神様のみこころではないと悟り、韓国に戻って来て、ヨンラク教会を開拓したのです。

神様が下さった夢を持って出て行くとき、思ってもいない道に神様が導いてくださる場合があります。しかし苦難や患難が来ても、挫折したり絶望したりしてはいけません。「苦難は夢の友だ。だから、苦難が近づくのが当たり前だ」と肯定的に考えるべきです。ほとんどの成功したリーダーたちを見ると、彼らは肯定的な態度を持っています。成功した人や創造的な人は、過去の苦難を未来の成功に変える能力に優れています。

チョー・ヨンギ師も、何十回も荒野を通りました。特に、ヨイドに教会を建築する時は、手元には日本円で十万円程度しかなかったそうです。ひどい困難な状況の中で、建築を始めなければならなかったのです。建築現場の人が人件費をもらいに来ると、はだしで逃げたこともありました。私たちが知らない数多くの裏話や、涙と汗を流した出来事もたくさんありました。しかし苦難は苦難で終わらず、苦難を通してさらに大きな祝福が注がれることに注目しましょう。チョー師は経済的な困難にも負けずに、屋根もない所で徹夜の祈りを始めました。すると神様は恵みを与えてくださり、信徒がどんどんと増えていったのです。そして、ついにヨイド純福音教会を完成させることができました。苦難とは、私たちに祝福の器を備えさせる過程です。皆さんが経験しているすべての経済的な困難、対人関係、職場、結婚、病気などの問題を、信仰によって克服し、それに打ち勝つことが大切です。苦難が皆さんを強くさせるのです。

ある農夫が収穫の日に神様につぶやきました。「神様、私が願った通りに天気を合わせてくれませんか。そうするともっとたくさん刈り取ることができると思いますが」。すると神様は「そうか。それならあなたに一年間、天気を調節することができる権限を与えるよ」と快く答えてくださいました。農夫は喜んで、自分が願った通りに天気を調節しながら、一年間一生懸命働きました。

やがて、収穫の時期になりました。田んぼに行って刈り取ろうとした農夫はびっくりしました。田んぼには貧弱な稲しかないのです。農夫は神様に聞きました。

「神様、刈り取る物がほとんどありません。どういうことですか」

すると神様はこうおっしゃいました。

「お前は風など必要ないと思って、風を吹かせなかった。しかし風は根を強くさせ、抵抗力を鍛えて、稲が健康に育つために必要なのだ。あなたは稲の見た目だけを大切にして育てたのだ」

豊かで丈夫な稲を育てるためには、必ず風が必要であるのと同じように、私たちの人生において、苦難は私たちを強く、丈夫にさせる役割を担うのです。

私たちに苦難が必要であるもう一つの理由は、私たちが夢を実現していくとき、私たちの力と知恵で実現できると思うと、神様に栄光を返さないからです。神様が下さった夢であっても、自分の力でその夢を成し遂げたと思うと、高慢になりやすいのです。しかし苦難を通ると、その中で神様に祈り、拠り頼むので、後で夢が実現したときにも「これは私の力や知恵ではなく、神様が成し遂げてくださった」と神様にすべての栄光をお返しするのです。

苦難なしでは強くなれませんし、神様の夢を実現することもできません。次のようなことわざがあります。「長くかがんでいる鳥が、より高く飛び上がる」。あなたが今倒れていても、落胆しないでください。長くかがんでいればいるほど、後でより高く飛ぶという神様の祝福を頂けるのです。

夢は必ず苦難を通らなければなりません。苦難を友としてください。そして、苦難を下さった神様に頼り、夢に向かって、力強い一歩を踏み出してください。

夢を実現するために実力を付けよう

私たちが夢を実現するためには、実力を付けなければなりません。では、どのようにすれば実力を付けられるのでしょうか。まず、皆さんの脳本（訳注：経済用語である「資本」に対して、脳の中に入っている知的財産を表す造語）を開発してください。夢を実現するためには、脳本、つまり、頭の中にたくさんの知識を蓄えるべきです。みことばはもちろん、たくさんの霊的な知識を蓄えて、夢を実現する実力を付けるべきです。このとき、読書は大きな力になります。夢に関連する分野でたくさんの知識を蓄えると、誰でも専門家になれるのです。私は大学で英文学を専攻した後、社会学、統計学、経営学、政治学、神学、リーダーシップについて、さまざまなことを勉強しました。すると、事件や社会現象を把握し、深い見解を持つことができるようになりました。

皆さんが大きな夢を持っていたとしても、小さなことから実力を蓄えていくべきです。夢は、ある日突然実現するようなものではありません。英語を上手に話せるようになりたいという夢を抱いても、単語や熟語を暗記しなければ、英語が話せるようになるはずがありません。チョー師は日本語を学んでいるとき、朝早く起きて大声で日本語を暗唱し、時間さえあれば単語を暗記したので、日本語でメッセージを語ることができるようになったのです。

夢を実現するためには、夢の人と交わることも大切です。これを「群れの法則」と言います。論文を書いて、修士や博士号を取りたいなら、その分野の先輩たちとの付き合いが大切です。もし教会を開拓したいなら、教会開拓に成功した人々と情報を共有すべきです。

私は今まで、数十編の国際論文を発表しました。私がイギリスに留学していたとき、オックスフォード大学の図書館で、韓国教会について英語で書かれた資料を調べていました。しかし、韓国教会についての論文はあまりありませんでした。そのとき、韓国教会の世界化はまだ遠いと思いました。多くの外国人は、韓国教会が急成長したことしか知らなかったのです。韓国教会についての具体的な情報は、イギリスではほとんど得ることができませんでした。

神様は私に、「英語で論文を書き、世界の教会に韓国教会のことを知らせよう」という強い感動を与えてくださいました。そこで、一九九八年から国際ジャーナルに論文を発表し始めました。すると、人々が少しずつ私のことを知るようになり、いろいろなところから論文発表を頼まれるようになりました。英語で韓国教会に関して書かれている資料を検索すると、必ず私の名前が出てくるからです。イギリスのOCMSという学校で勉強していたとき、私はまだ博士ではなかったにもかかわらず、ドイツ、南アフリカ、ノルウェー、世界宣教協議会（WCC）、シンガポールのトリニティ大学、アメリカのテーラー大学などから招かれました。英語で発表したいくつかの論文がヨーロッパ中に知られたためです。キリスト教と政治に関する英語の論文も、オックスフォード大学の出版部で出版されました。いろいろなところで論文を発表することで、その分野の人々とのネットワークが広がりました。共に情報を交換しながら、私は夢が実現するための実力が蓄えられていくことを感じました。夢を実現するためは、それに伴う実力が必要です。神様が下さった夢だからと言って何の努力もせず、神様の恵みだけで実現するというものではありません。まず、実力を付けてください。そうすると、神様はさらに大きな祝福を注いでくださるのです。

夢を握り、忍耐して献身しよう

私たちが夢を持っているなら、絶えず実現するまで忍耐することが大切です。夢が私たちの心の中にあるときには、難しい状況に直面して、夢が破れる体験をすることがあります。しかしこのようなときこそ、夢を握り締めて忍耐して、希望をもって前に進むべきです。

マルティン・ルターはこう言いました。

「祈り、黙想、そして誘惑が、霊的指導者を造り出す」

霊的指導者を造り出すのは、祈りと黙想だけでなく、誘惑と試練、迫害、逆境です。ある意味、面白い組み合わせです。どんなに夜が深くても、いつかは夜明けが来ます。誘惑が近づいたとき、その誘惑自体に勝つことも大事ですが、もっと大切なことがあります。それは、もっと意味のある良い目標に集中することです。力強い夢があるなら、その夢によって、誘惑や迫害を耐え忍ぶ力がわいてきます。

ウォルト・ディズニーが最初、自分の描いた絵を見せて、アニメを作らせてくださいと頼んだときには、だれも関心を示しませんでした。そんなある日、ディズニーはある牧師の配慮で、教会の古い倉庫に泊まることになりました。その倉庫にはネズミがたくさんいました。そこで彼は、ミッキーマウスのアイデアを得たのです。私たちなら、ネズミが出るような倉庫で寝なければならないことに失望して、故郷に戻ったかもしれません。しかし、彼には素晴らしいアニメーションを作りたいという夢があったので、ネズミを見ても失望せずに、かえってそこからキャラクターのアイデアを得たのです。「ミッキーマウス」というヒット作は、ただで生まれたわけではありません。夢のための忍耐から生まれたものなのです。

私たちに神様の夢があり、それをしっかりと握って、実力を付けて前進すると、どんなに小さなものからでも、アイデアを得ることができます。私がイギリスに留学していたときのことです。早天祈祷会を終えて図書館に行くと、神様が「これだ。この資料だ」というアイデアを下さることがありました。そうすると「これを用いて、論文を書こう」という考えが頭の中に浮かびます。そのような小さいアイデアが集まって、博士論文を完成させることができました。大勢の教授が論文を審査するのですが、私の論文は単語を一つ直されただけで、そのまま合格しました。このようなことはとても珍しいことです。それは私の指導教授が良い方だったことと、早天祈祷会で神様に祈りながら、神様の助けを求めたからです。私は論文を書くたびに祈りました。そうすると、神様がすべてを祝福してくださり、良い結果を結ばせてくださったのです。ですから今も、私は成功した留学時代のすべての栄光を、神様にお返しすることができるのです。

私たちは、いつも神様の奇跡を期待する心をもって忍耐し、前に進むべきです。そして、誘惑に遭っても、夢をあきらめたくなるような状況でも、常に祈るべきです。心の中に期待も祈りもない人に、奇跡は起こりません。

ベトナム戦争のとき、ある人が捕らえられ、七年間捕虜として過ごしました。彼が入れられていた収容所は、身動きもできないほど狭い所でした。この人はゴルフマニアでしたが、当然ゴルフはできません。そこで、頭の中で想像して、ゴルフをしました。頭の中で「ゴルフ場にいる。クラブを選んだ。スイングをした」と思い描きながら、練習をしました。ゴルフをやっていたときのことを思い出しながら「ボールが飛んだ。二百ヤード飛んだ!」と頭の中で情景を描き、夢を抱きました。やがて釈放され、家に帰ってからさっそくゴルフに出かけると、驚くべきことにスコアは「七四」でした。これは以前よりさらに上達したスコアだった

>> 奇跡の霊的原理

期待 ⇒ 祈り ⇒ 奇跡

のです。

科学者たちの研究の結果を見ると、「実際にスポーツ選手が練習した場合と、練習することを想像した場合との差は、それほど大きくはない」ということです。何らかの目標があるならば、切実に求めて、実現したことを想像し、夢を見ることが大切です。これが望みの法則です。病気のいやしを願うなら、病気がいやされて健康になった姿を望み、祈るべきです。そこに力があります。クリスチャンは単純な想像だけでなく、「神様が私たちの病をいやしてくださる。神様が私たちのビジネスを祝福してくださる」という信仰を持って、望み、夢を見る者です。

夢を見る者は、神様に用いられます。目は見えないにもかかわらず、人類のために大きく用いられたヘレン・ケラーは、こう言っています。

「目が見えない人がかわいそうな人ではなく、人生の夢とビジョンがない人がかわいそうな人である」

彼女は目が見えませんでしたが、夢とビジョンをはっきりと見た人でした。チョー・ヨンギ師もこう言いました。

「私にあなたの夢とビジョンを語ってください。そうすれば私はあなたの将来を預言します」

夢とビジョンには、私たちの人生を決める力があります。

私たちは神様の目的を成し遂げる指導者として呼ばれました。そして、皆さんの未来は皆さんの夢によって決まります。夢は聖霊の言葉ですから、ただ自分の頭から生み出される夢ではなく、神様からの夢であるべきです。聖霊のうちで常にこう祈るべきです。

「主よ、あなたが私に願っておられる夢は何でしょうか」

皆さんが神様の夢を頂いたなら、その夢を成し遂げるために、実力を付けて献身すべきです。そうするなら、いつかその夢は実現するのです。

神様が人生の真の主人となられるとき、私たちは夢を見ればその夢が実現し、願うものを得る人生を味わうことができるのです。皆さんの心の空に神様の夢を設計して、その夢の主人公になってください。

Thinking

黙想と実践

考えてみよう

1. あなたが見る夢の中で、どれが神様が設計してくださったものか、どれが欲から出たものかを考えてみましょう。

2. 夢を見たときに苦難を通ったことがあったか、そしてその苦難をどのような方法で乗り越えたのかを考えてみましょう。

3. 神様が下さった夢を成し遂げるために、自分はどのような方面で実力を付けるべきなのかを考えてみましょう。

4. 状況が難しくなったとき、神様の奇跡を期待する信仰があるかどうか、考えてみましょう。

Practice

実践しよう

抱いた夢を成し遂げるためには、小さなことから実践すること

リーダーには強い実行力が求められます。小さなことを誠実に行うことができる人は、大きなこともできます。自分にできる小さなことを探して、実践する姿を見せるとき、ほかの人もその指導者について行くのです。

証しと例話

世界の平和のためにホテルを建てた「コンラッド・ヒルトン」

ヒルトンホテルは最高級ホテルの代名詞です。このホテルは、費用は現地で負担し、経営は本部で行うという方法で運営されています。全世界に五百カ所以上あるヒルトンホテルは、アメリカのテキサス州のある小さい田舎町から始まりました。この小さなホテルが今日、世界中に広がっているのには理由があります。ヒルトンホテルの創立者であるコンラッド・ヒルトン会長は、神様を信じ、神様が下さった夢を持っていたのです。

兵役を終え、たった五十ドルの有り金を持って、ニューメキシコ州のアルバカーキに向かったヒルトンは、いくら探しても仕事を見つけることができませんでした。そこで石油開発で栄えているテキサス州に行きました。そこで彼は、ホテルの床を掃除する仕事を始めました。数多くの苦労と努力の末、彼はモブリという人の経営する小さなホテルを任されるようになりました。

アメリカでホテル産業が定着したころ、彼は第二次世界大戦を経験しました。戦争が終わった後、彼は世界平和を心から願うようになり、自分のビジョンをそこに合わせたのです。彼は世界平和のために一生懸命祈り、ホテル事業の世界化を進めることを決心しました。彼はこのように言っています。

「空は限りなく高い。ある一定のところにとどまるなら、その人生は終わりである。私が世界各地にホテルを建てようとしているのは、私の欲望のためではない。私は私の夢を限りなく広げたい。世界各地にホテルを建てるということは、とても難しいことだ。しかし企業が国境を越えなければ、軍隊が国境を越えるようになるのだ」

彼はビジネスを通して世界が一つになれば、戦争は少なくなると確信しました。全世界の人々がヒルトンのところに集まり、互いに心を開いて、共に働くことを夢見たのです。

夢を抱いて祈る者には、神様が恵みを与えてくださいます。私たちがさらに良い人生の夢を抱かなければ、神様は私たちの人生を変えることができません。

SECRET 4

Thinking & Practice

今日、ここであなたの夢を抱き、その夢を具体化してみてください。神様が喜ばれるような大きな夢を抱くとき、神様は共に歩み、夢を成し遂げてくださいます。

成功する霊的指導者の七つの秘訣

SECRET 5
四次元の言葉で夢を宣言する

信仰を持って夢を宣言する

夢を周りの人と共有して、コミュニケーションする

周りの人を褒めて励ます

権威のある命令形の言葉を活用する

SECRET 5

四次元の言葉で夢を宣言する

「私たちが選んだ言葉が、私たちの人生を決める」

アンソニー・ロビンズ

四次元のリーダーシップ開発の五番目の秘訣は、夢を描く信仰の言葉を使うことです。私たちは、夢を言葉で表現する方法を学ぶ必要があります。言葉で表現されていない感情や考えは、現実化しないまま、空中をさまよいます。しかし、それが言葉で表現されたとき、具体的な形となって、現実の中で力を発揮します。私たちが四次元の夢を見ているなら、言葉で表現することが必要なのです。

四次元の言葉で話すためには、次の四つの原理を覚えることが大切です。信仰を持って夢を宣言すること、夢を周りの人と分かち合い、共有すること、周りの人を褒めて励ますこと、権威のある命令形の言葉を活用することです。

リーダーになるということは、自分の言葉に責任を持つということです。ヤコブの手紙三章一節には「私の兄弟たち。多くの者が教師になってはいけません。ご承知のように、私たち教師は、格別きびしいさばきを受けるのです」とあります。また、三章二節には「私たちはみな、多くの点で失敗をするものです。もし、ことばで失敗をしない人がいたら、その人は、からだ全体もりっぱに制御できる完全な人です」とあります。

教師について話をしながら、ヤコブは突然、言葉の話に話題を変えました。これはリーダーになるということは、言葉に対する責任を持つべきであるという意味が含まれています。言葉を好き勝手に話して失敗をすると、あらゆる苦しみに遭います。ですから、認められるリーダーになるためには、四次元の世界を動かす夢の言葉を使わなければならないのです。これからは、私たちの言葉を四次元のものに開発する方法について話したいと思います。

》四次元の言葉で夢を宣言し、人々を激励しよう

1. 信仰を持って夢を宣言する
2. 夢を周りの人と共有して、コミュニケーションする
3. 周りの人を褒めて励ます
4. 権威のある命令形の言葉を活用する

信仰を持って夢を宣言せよ

まず、私たちは信仰を持って、夢を宣言すべきです。なぜなら、私たちの言葉は、肉体や現実生活に影響を与えるからです。心臓が弱くなったお年寄りが病院に入院しました。しかし心臓は弱る一方で、とうとう止まる寸前になりました。心臓の鼓動は、「ドックン、ドックン」という音がしますが、「ドッ」をI音と言い、「クン」をII音と言います。心臓が弱くなって死ぬ直前に、心臓の音が突然停止する瞬間があります。この瞬間をIII音と言います。医者がこのお年寄りを診療しているとき、このIII音を聞きました。III音はとても珍しい現象なので、医科大の学生たちを呼んで、III音を皆に聞かせました。医者が「よく聞こえますか」と聞くと、学生たちは聴診器を彼に当てながら「はい、III音がよく聞こえます」と答えました。III音がよく聞こえるということは、生きる可能性がゼロに近いという意味です。

彼の家族に心の準備をするよう伝えた後、医者はまた戻ってきて、聴診器を患者に当てました。すると不思議なことに、彼の心臓の鼓動はだんだんと早くなり、少しずつ回復し始めました。そして、何と一週間後には退院するほど回復したのです。医者は驚いて尋ねました。

「どうしたのですか。ここまで良くなるとは思ってもいなかったので、びっくりしました」

彼はこう答えました。

「先生がこの前診察したとき、学生たちを集めて、私の心臓の鼓動がよく聞こえると言ったでしょう」

老人は心臓のⅢ音が聞こえるという会話を、心臓が健康に動いていると言ったと勘違いしていたのです。そして、その後から「私の心臓はよく動いている」と思い込んで、実際に力がわいて来たのです。このように、言葉は、自分で話した言葉でも、ほかの人が話した言葉でも、私たちの肉体と精神に影響を与えるのです。

宣言した言葉には、私たちの夢を実現させる力もあります。五歳の少年が、ある日窓際に座って、月を見ながらこう言いました。

「ママ。ぼくはいつか、あの月の上を歩きたいな」

この少年は子どものころから月を見ながら、いつか必ず月の上を歩くと宣言しました。三十二年後、この少年は月の上を歩いた最初の人になりました。この少年の名前はニール・アームストロング。夢を抱いた人が、その夢を言葉で表し、宣言すると、夢は実現するのです。

これはチョー・ヨンギ師の例話でも明確に示されています。チョー師が「一万人を収容できる教会堂を建てる」と言ったとき、大勢の信徒は

四次元の言葉で夢を宣言し、人々を励まそう

1. 肉体が変えられる
   例）あるお年寄りのⅢ音
2. 夢とビジョンが実現する
   例）ニール・アームストロング

信じることができませんでした。

「どうやって、私たちが一万人も入る教会堂を建てられるのか」

しかし、チョー師が信仰をもって宣言した通り、ヨイドに教会が建てられ、一万人が収容できる会堂が完成したのです。さらに、まだ信徒が数十人しかいなかったとき、チョー師は「私は銀色の羽に乗って、全世界を回りながら主を宣べ伝える」と宣言しました。とても強い夢だったために、口で宣言することができたのです。宣言通り、チョー師は地球を八十五周もして、キリストの福音を力強く宣べ伝えました。私たちが信仰を持って、口で宣言することには、力があることを覚えておきましょう。

夢を周りの人と共有して、コミュニケーションしよう

夢があるなら、それを周りの人と共有しましょう。しかしそれは簡単なことではありません。夢を共有するためには、三つの法則が必要です。第一に、自信の法則です。心の中に「夢は実現する」という考えを持つべきです。夢を持った後、「私にできるかな。自信がないなあ」と考えると夢は実現しませんし、ほかの人とも共有することができません。リーダーが夢について

語るとき「この夢は実現するかもしれないし、しないかもしれません」と言ったら、聞いている人はどう思うでしょうか。「この夢が実現するのは難しいだろう」と思うのではないでしょうか。自信を持って夢を宣言すべきなのです。

第二に必要な法則は、自己利益の法則です。私たちの夢を聞いた人は、その夢が自分にとってどのような利益になるのかを考えます。夢をほかの人々に伝えるときには、聞く人が得られる益について知らせることが大切です。第三の法則は、影響力の法則です。人々は、自分が尊敬する人の言葉には耳を傾けます。第四の法則は、所有の法則です。これは、私たちの夢が自分一人だけの夢ではなく、すべての人と共有することができる夢でなければならないということです。

夢をほかの人と共有して、効果的に実現するためには、次のようなコミュニケーション原理を覚えなければなりません。一番目は、夢を数値化し、視覚化することです。数値化というのは、目に見える数値にすることです。英語をうまく話せるようになるためには、英単語を一日十個ずつ暗記するなどの具体的な計画を立てて実行すべきです。「単語一日五

》夢の共有法則

1. 自信の法則
2. 自己利益の法則
3. 影響力の法則
4. 所有の法則

個、十個」という数値を決めると、夢を実現することがより楽になるのです。また、夢を視覚化することも大切です。ヤコブはぶち毛やまだら毛の羊を生ませるために、ポプラやアーモンドやすずかけの木の若枝を取り、皮をはぎ、しま模様の木の枝を作りました。そして、羊たちが水を飲みに来たとき、それを見るように、水ぶねの中に差し込んで、ぶち毛やまだら毛の羊を生ませるようにしました。計量化、視覚化された夢は、脳に刺激を与えるのです。脳が刺激を受けると、夢を考え、それに集中することができるのです。

二番目に、私たちは夢を記録すべきです。ある日、偉大な科学者であるアインシュタインに、記者たちがお願いをしました。

「博士、あなたの実験室をぜひ見せてください」

アインシュタインは「大したものではないので……」と断りましたが、あまりにもしつこいので、仕方なく記者たちと実験室に向かいました。ところが、最先端の装備であふれている実験室を想像した記者たちの予測とはうらはらに、実験室には万年筆と紙、ゴミ箱があるだけでした。「博士、本当に何もありませんね」と記者たちが言うと、アインシュタインは言いました。

「最先端の機械のことですか。あそこにゴミ箱がありますよ」

アインシュタインは話を続けました。

「ずっと考えながら座っていると、アイデアが浮かびます。それを紙に書いて、後でそれが気に入らなかったらゴミ箱に捨てます。また考えて、アイデアが浮かぶと書き記して、また考えます」

アインシュタインは自分の思いを書き記し、それを用いて自分の夢を実現していきました。このように記録することは、夢を実現させるために大切な役割を果たすのです。

三番目に、夢を心に刻んで、声に出して宣言することです。視覚化され、計量化された夢を口で宣言するとき、その夢はいっそう明確になります。私がヨイド純福音教会に出席していたとき、ヨハネの手紙第三の二節の「愛する者よ。あなたが、たましいに幸いを得ているようにすべての点でも幸いを得、また健康であるように祈ります」というみことばを、よく賛美しました。賛美することで、信徒の中にヨハネの手紙第三の二節のみことばが受肉されたのです。

マーティン・ルーサー・キング牧師はこのような演説をしたことがあります。

「私には、私の四人の子どもたちが、肌の色ではなく、人格で評価される国で生きるという夢があります。機会や倫理が均等な世界、人間の肌の色

》夢を共有する効果的なコミュニケーション法

1. 夢を計量化し、視覚化する
2. 夢を書き記す
3. 夢を心に刻み、分かち合う

が人格の判断基準にならない世界、人間の尊厳性や価値を尊重する世界、これが私たちが望んでいる夢です」

私はこのメッセージを聞いて大きな感動を受けました。この人のメッセージには、神様から頂いた夢がたくさん出てきます。マーティン・ルーサー・キング牧師は、黒人が差別され、抑圧され、人権が侵害されていた時代に、黒人と白人の人権が尊重されるという夢を抱きました。そしてそれを人々に説教し、宣言しました。アメリカ社会の変化は、彼の夢と、その宣言によって始まったと言っても過言ではないでしょう。

このように、夢を分かち合い、共有する過程を通して、私たちは夢の実現に一歩近づくことができるのです。

周りの人を褒めて励まそう

私たちは周りの人を褒めて励ますことで、夢を実現することができます。言葉には三種類あります。関係の言葉、情報の言葉、動機を誘発する言葉です。

「お母さん、ご飯は？」

このような言葉は、関係の中で出る言葉です。

二番目は情報の言葉です。

「今日の礼拝に参加して、何を感じましたか」

このような質問に対する答えは、情報の言葉です。情報とは、心の中にある考えや感情などのことです。リーダーにとって大切な言葉は、動機を誘発する言葉です。

「すごいですね。どうやってそれを悟ったのですか。素晴らしいですね」

誰かが話をしたとき、このように相手を励まし、褒めて建て上げるなら、その人の中にある本質的な欲求を引き出すことができます。

デール・カーネギー（Dale Carnegie）が次のようなことを言いました。

「友だちをつくりたいなら、あなたが先に彼らに関心を持ちなさい」

人は誰でも認められたいという欲求があります。人は誰でも、目に見えない看板を首にぶら下げていると言われています。その看板には、こう書かれているそうです。

「私は大切な人です。私を大切にしてください」

私たちは誰に会っても、このメッセージを見なければなりません。その人が本当に大切な人であることを意識して、接するべきです。また世界的な心理学者であるウィリアム・ジェームスはこう言いました。

「人間性の一番深いところ、それはほかの人から褒められたいという欲求です」

欧米にも「ばかも褒められると使いものになる」ということわざがあります。

ここでアメリカンフットボールの監督であるベアー・ブライアントのリーダーシップを紹介したいと思います。彼はアメリカンフットボール史上、最高の成果を挙げた監督です。彼は次のように言いました。

「私は田舎出身の農夫に過ぎませんでした。しかし、私はどうすればチームを運営できるかをよく知っていました。それは、チームが一つのからだになるまで、褒め言葉と叱る言葉を適切に使うことです。私がよく使う三つの言葉があります。あることがうまくいかなかった場合は『それは私の責任だ』と言い、もし成果を少しでも出すことができたら『これは私たちがやった』と言い、良い成果を出すことができたら『これは君たちがやった』と言うのです。これで、選手たちにモチベーションを与えることができ、試合に勝利することができました」

この言葉には深い意味が含まれています。

「監督は私たちを信頼している。私たちを信じ、認めている」

選手たちはこう思ったからこそ、頑張ることができたのです。

アメリカの元大統領リンカーンは、賞賛と激励の言葉を用いることで、たくさんの人の模範となりました。南北戦争の真っ最中の一八六四年、リンカーンは将軍たちに激励の手紙を送りました。一八六四年一二月二四日、シャーマン将軍あての手紙にこう書きました。

「サバナ攻略という貴官のクリスマスプレゼントに心から感謝しています。貴官が大西洋海岸に向かってアトランタを離れたときには、私も心から心配しました。しかし、この遠征に成功した今は、その名誉はすべて貴官のものです。次の遠征についても、貴官とグラント将軍の決断に任せた方が安全だと思われます」

この手紙を受け取ったシャーマン将軍の気持ちはどうだったでしょうか。自分を認めてくれ、権限を与えてくれた大統領に感動したことでしょう。シャーマン将軍はこのように返事をしています。

「閣下の手紙を受け取って、とてもうれしかったです。特に私の指揮下にある軍隊を高く評価してくださったことに深い感動を受けました。これから、私が無謀な冒険をしたり、失敗しそうな状況に陥ることもあるかと思われますが、そのときには閣下の広い心と配慮が役に立つと思います。私はいつも閣下の指示に従って、すぐに行動に移す覚悟ができています」

相手に関心を持つと、自然に動機を与えることができる言葉が出てきます。そして相手を尊重し、祝福する言葉が出てきます。

また、私たちは人々を預言的に祝福する言葉を使うべきです。聖書に出てくる「シモン」という名前の意味は植物の「葦」です。ところがイエス様はシモンを見たとき、弱くて揺れ動かされる葦のような外見ではなく、潜在している力をご覧になりました。そして、「これからはあなたをシモンではなく、ペテロと呼ぶ」とおっしゃいました。「ペテロ」は「岩」という意味です。私たちにも、その人の中に潜在する力を見て、預言的に祝福する言葉を用いる習慣が必要だと思います。特にリーダーは、メンバーたちに預言的な祝福の言葉を与えることによって、動機を与え、夢を実現するための力を備えさせる役割を果たさなければなりません。相手に対する神様の夢を宣言したとき、その人は実際に、そのような力を頂けるのです。

権威のある命令形の言葉を活用しよう

最後にリーダーは、権威ある命令形の言葉を活用することができなければなりません。神様は人間を創造し、人間に特権を与えてくださいました。それは、動物、植物などに名前を付けることでした。アダムが決めた通り、虎、ワシ、イノシシなどの名前が付けられました。これを通して、神様が人の言葉に力強い権威を与えてくださったことを知ることができます。

マルコの福音書一一章を見ると、イエス様がイチジクの木を呪う話があります。イエス様がイチジクの木を呪うと、その木は呪いのゆえに枯れてしまいました。人々が驚くと、イエス様はこう言いました。

「まことに、あなたがたに告げます。だれでも、この山に向かって、『動いて、海にはいれ。』と言って、心の中で疑わず、ただ、自分の言ったとおりになると信じるなら、そのとおりになります」

これを通してイエス様は「私が呪ったとおりにイチジクの木が枯れたように、信仰を持ってあなたがたが言葉で命じるなら、その通りになる」と教えてくださったのです。

神様が下さった信仰の力で祈る方法を説明しましょう。私たちがささげる信仰の祈りには、五段階の祈りがあります。病のいやしのために祈るときには、まず、「神様、病気をいやしてください」と求める祈りをします。次に「神様、この病がいやされることを信じます」と信仰で認める祈りをします。三番目は、「イエスの御名によって、病よ、いやされよ」と命令する祈りです。四番目に「病はすでにいやされました」と過去形で宣言することです。三次元の世界には、過去、現在、未来という時間がありますが、四次元の世界には時間はなく、ただ信仰の世界だけがあります。五番目に「病をいや

》信仰の祈りの五段階

1. 求める：病をいやしてください
2. 認める：病がいやされることを信じます
3. 命令する：病よ、いやされよ
4. 宣言する：病はすでにいやされました
5. 感謝する：病をいやしてくださり感謝します

してくださり、感謝します」とすでに頂いたことを神様に感謝します。これが権威ある信仰の祈りです。

権威のある人はお願いしません。物ごいもしません。権威のある人はただ命じます。そうすると、その通りになります。天と地のすべての権威を持っておられるイエス様が、その権威を皆さんに委任されました。ということは、神様の子どもとして、私たちにもその権威が与えられているのです。その権威を知り、よく用いることが大切です。

体の具合が悪いとき、薬を飲むのも大切ですが、イエス様の権威を用いて命令することも大切です。私は以前、インフルエンザにかかったことがありました。そのとき、イエス様の御名によって手を置いて「イエス様の血潮によっていやされます」と宣言しました。そのように命令した次の日、完全にいやされたのです。私たちには、神様が下さった権威があります。それを知り、用いることです。

ペテロの手紙第一の四章一一節には「語る人があれば、神のことばにふさわしく語り」とあります。また、箴言一八章二一節には「死と生は舌に支配される」とあります。皆さんの言葉で、ほかの人の心に傷を与え、病気にさせることもできるのです。夫婦の間でも、言葉で傷を与えると、ナイフで刺すより痛いものです。職場でも、共に働くときには、言葉に気を付けなければなりません。どのような状況の中にいても、リーダーは希望のメッセンジャーになることです。どんなに環境が難しくても、リーダーの口からは希望の言葉が出てこなければなりません。皆さんの言葉をチェックしてみてください。自分の口から出てくる言葉が、果たして神様の言葉であるかを点検しなければなりません。

夫婦関係、親子関係、職場、教会での人間関係においても、口から出るすべての言葉が神様の言葉になるべきです。神様から頂いた夢があるなら、神様がおっしゃったように、人々にその夢を宣言してください。相手を見るときも、彼らに対する神様の夢を見て、預言的に祝福してください。その人の現在を見ないで、未来の可能性と潜在力を見て、それが成し遂げられたと宣言し、励ましてください。新しいリバイバルが、皆さんを通して行われます。

SECRET 5

Thinking & Practice

Thinking

黙想と実践

考えてみよう

1. 生活の中で、口で宣言したことが現実となったことがあったかどうか、考えてみましょう。

2. 夢を視覚化して、計量化するために、記録することは欠かせません。書き記す習慣を身に付けるために、今すぐ始められることは何でしょうか。考えてみましょう。

3. 周りの人を褒めたり、励ましたりするために、自分が開発するべき部分が何であるかを考えてみましょう。

4．信仰の祈りの五段階を人生に適用するための、具体的な方法を考えてみましょう。

Practice

実践しよう

預言的な祝福の言葉を話すこと

二人ずつペアを組み、祈った後、祈りの中で浮かんだ考えなどを互いに分かち合ってください。相手に対する否定的な言葉は口にせず、ただ祝福の言葉だけを伝えてください。リーダーは一人一人に対する神様の愛の心を感じて、それを言葉で表現して伝える通路になるべきです。

One＋

証しと例話

ベートーベンに会った少年

「明日朝十時に、ベートーベンに会いに来てください」

ある日の朝届いた一通の手紙は、少年をとても興奮させました。少年にとって、ベートーベンは太陽のような存在だったからです。当時、ベートーベンは最高の作曲家でした。彼が作曲した数々の名曲は、多くの作曲家たちに影響を与えました。ピアノが大好きなこの少年にとっても、ベートーベンは偉大な存在でした。

「ベートーベンに会えたら、どんなに幸せだろう」

いつもこう思っていた少年が、やっとベートーベンに会うことができるのです。そのころのベートーベンは聴覚を失い、人と会うことを避けていました。

それにもかかわらず、ベートーベンは少年に会うことを決めたのです。

ベートーベンに会う前日、少年は何を話すべきかを考え、頭の中がこんがらかってしまいました。心配もありました。聴覚を失ったベートーベンが、人を嫌っているといううわさを聞いたからです。

「もし、ベートーベンが怒ったりしたらどうしよう」

少年はそう考えると、全く眠れませんでした。

約束の日、少年は興奮気味でベートーベンに会いに行きました。二人は短く会話をしました。ベートーベンは、少年にピアノを弾いてみるように言いました。少年はベートーベンが見守る中、力を尽くしてバッハの曲を演奏しました。演奏が終わった後、緊張気味にベートーベンを見上げると、ベートーベンの顔は感動に満ちていました。ベートーベンは少年に言いました。

「あなたの音楽には魂が生きているよ」

これを聞いた少年は、とても幸せになりました。彼は家に帰ってきて、その日から一生懸命ピアノの練習をしました。ベートーベンのたった一つの褒め言葉が、彼に夢とビジョンの種をまいたのです。後に彼は成長して、立派なピアニストになりました。彼は作曲家として、ピアニストとして世界的な名声を手に入れました。彼が作曲した素晴らしい名曲は、今もたくさんの演奏者によって演奏されています。彼こそ「いさみて仰げや（O Ewigkeit, du Donnerwort）」（新生讃美歌二〇二）で有名な、ドイツの詩人であり、劇作家であり、牧師でもあるリストです。

私たちはリストのように、誰かの褒め言葉によって変えられるのです。ですから、肯定的な言葉を宣言する人との付き合いが大切です。しかし、より大切なことは、私たちの言葉によって、周りの人が変えられるということです。これからは、周りの人に勇気と希望を与える言葉を宣言してください。どんな説教や教えより、神様の中で宣言された希望の一言が、より大きな力を発揮する奇跡を体験することができるでしょう。

成功する霊的指導者の七つの秘訣

SECRET 6
聖霊様の御声に聞き従う

聖霊なる神様と親しい愛の交わりをする

聖霊なる神様の御声を聞く

聖霊なる神様が下さった賜物を活性化する

聖霊に従い、神様とつながる

SECRET 6

聖霊様の御声に聞き従う

「聖霊に満たされるということは、
神様の聖なる熱心と永遠なる情熱がその中に燃えているということです」

A・W・トーザー

四次元のリーダーシップ開発の六番目の秘訣は、聖霊なる神様の御声に聞き従うことです。私たちは今まで、神様の考えと信仰と夢と言葉を開発する方法を学びました。これからは、神様の考えと信仰と夢と言葉を、聖霊の中で訓練し、内面化しましょう。

リック・ジョイナーという預言のミニストリーをする人が、ある日大きな意味のある幻を見ました。広大な荒野に大勢の兵士が立っています。兵士たちは大きく三つに分けられていました。一番目の集団に近づくと、戦い場所もわからないような弱そうな兵士たちでした。よく見ると、持っている銃も全部偽物でした。いざ戦争が起きても、戦えない人たちだったのです。

その群れの前に、もう一つの集団がありました。その集団は前の集団より人数は少ないものの、銃も本物で、ある程度秩序もありました。しかし、明確な焦点や方向性を持っていませんでした。そこの指揮官たちも、もう少し訓練が必要でした。

最後に、一番先頭に立っている群れがありました。彼らは少数でしたが、最先端の武器で武装しており、戦争に出れば敵に勝つことができるような精鋭部隊でした。神様はこの幻を見せながら、神様の兵士を集めることを願っておられると、最後におっしゃいました。これは聖霊の軍隊です。主が聖霊の人を集め、訓練し、悪霊を敗北させて、最後の時の収穫のために備えさせているということです。ですから私たちは、聖霊なる神様の考えと信仰と夢と言葉で武装することです。聖霊の兵士を通して、神様はこの時間、この時代の最後の収穫をすることを願っておられるのです。

そのためにはまず、私たちが聖霊の人にならなければなりません。私たちが聖霊の人にならない限り、四次元の霊性を内面化することは難しいのです。私たちが聖霊の人になると、私たちは人生において、自然に神様の奇跡を経験することができます。

私たちが四次元のリーダーシップを開発するためには、聖霊の力でリーダーシップを開発するための原理を学ばなければなりません。そのために次の四項目を実践することが大切です。

聖霊なる神様と親しい愛の交わりをしよう

まず、聖霊なる神様との親しくなることが必要です。神様が私たち人間を創造した目的は、永遠のいのちを与えるためです。永遠のいのちとは、私たちが神様と交わりながら、永遠に生きることです。つまり主は、私たちが多くの時間を主の臨在の中で過ごすことを願っておられるのです。私たちが働きをたくさんすることも必要ですが、それよりもっと大切なことは、愛の心を抱いて神様と会話をすることです。

ヨハネの福音書一五章一五節には「わたしはもはや、あなたがたをしもべとは呼びません。しもべは主人のすることを知らないからです。わたしはあなたがたを友と呼びました。なぜなら父から聞いたことをみな、あなたがたに知らせたからです」とあります。しもべは主人の指示通りには従いますが、主人と親しい関係になることはできませんし、本音を分かち合うのは難しいことです。しかし親しい友だちは、互いに計画や夢を共有することができます。神様との交わりが、私たちの何よりの喜びと楽しみであることを、神様は願っておられます。

》四次元聖霊リーダーシップ開発のための４つの原理

1. 聖霊なる神様と親しい愛の交わりをする
2. 聖霊なる神様の御声を聞く
3. 聖霊なる神様が下さった賜物を活性化する
4. 聖霊なる神様に従い、神様とつながる

イエス様が天に昇られた今、聖霊様が私たちの助け主としておられます。助け主という言葉には、五つの意味があります。私たちを助け、教え、慰め、弁護し、判断するお方という意味です。皆さんの人生に何か問題がありますか。ビジネスに新しいアイデアが必要ですか。勉強するとき、知恵が必要ですか。ヤコブの手紙一章五節に「あなたがたの中に知恵の欠けた人がいるなら、その人は、だれにでも惜しげなく、とがめることなくお与えになる神に願いなさい。そうすればきっと与えられます」とあるように、誰にでも惜しげなく、とがめることなくお与えになる神様に願うなら、与えてくださるのです。このとき私たちを助けてくださる方が聖霊様です。また聖霊様は、私たちの真の教師でもあります。いくら私たちが一生懸命メッセージを聞き、勉強しても、聖霊様が悟らせてくださらないなら、神様の霊的な原理を深く悟ることはできません。

また、聖霊様は私たちの慰め主です。人間関係や人生の中でストレスを感じているなら、聖霊様の慰めを求めてください。その方は皆さんのストレス（stress）をストレングス（strength：力）に変えてくださるのです。また、神様は聖霊として来られ、皆さんを弁護して、すべての問題の相談役になってくださいます。

私たちに必要なものは、聖霊様との親しい交わりです。いやしのミニストリーを行っていた女性伝道者キャサリン・クールマン師が、いつもミニストリーで強調していたことは、聖霊様との親密な交わりでした。彼女は「必要な時だけに祈ると言わないで」と言いました。これは、私たちが心に刻むべき言葉です。普段私たちは、何か問題があるときや病気になったときだけ祈りますが、そうではなく、普段からの聖霊様との会話と交わりが大切なのです。問題があるときだけ友だちのところに行くなら、その友だちは喜ぶでしょうか。

チョー・ヨンギ師は一九六四年、牧会の過労で倒れて、多くの時間、横になっていました。そして聖書を研究している中で、聖霊様が人格的な方であることを悟りました。そのときから、講壇の上でも聖霊様を招き入れるようになりました。西大門《ソデムン》に教会があったときには、いすを一脚置いておいて「ここが聖霊様のおられる場所だ」と心の中で思いました。集会の時には「聖霊様、私とともに講壇の上に上ってください」と祈りました。集会の途中でも「聖霊様、私のメッセージを助けてください」と祈りながら、聖霊様を人格的に受け入れました。人と人の間でも人格的に接すると、相手は尊敬されていると感じ、うれしくなるものです。反対に、相手が自分の話を聞いてくれないと、つらく感じます。

聖霊様は皆さんと会話し、交わることを願っておられるのです。しかし、私たちは祈るときには熱心に祈っても、用が済んだら離れてしまいます。聖霊様が語ろうとするとき、私たちは聞きません。私たちは常に聖霊様と会話をし、交わるトレーニングをすべきです。聖霊様との親しい交わりを通して、私たちは四次元の霊性を内面化する土台をつくるのです。

聖霊なる神様の御声を聞こう

また私たちは、聖霊の御声を聞かなければなりません。ヨハネの福音書一〇章三節には「羊はその声を聞き分けます」とあります。私たちが主の羊であるなら、主の御声を聞き分けるべきです。主の御声を聞くためには、まずきよい心を持たなければなりません。セーレン・キルケゴールという哲学者は「心のきよさとは、一つのことだけを求めることです」と言いました。私たちが本当にきよい心を持っているなら、二心をやめるべきです。

エレミヤ書二九章一三節には「もし、あなたがたが心を尽くしてわたしを捜し求めるなら、わたしを見つけるだろう」とあります。神様を切に求め、御声を聞こうとするきよい心があるなら、聖霊なる神様は私たちに御声を聞かせてくださるのです。聖霊の神様がよく語る第一の通路は聖書です。私たちは聖書を読みながら、みことばを黙想します。沈黙の中で、神様が私に語られるみことばは何なのか、神様のみこころは何であるのか、耳を傾けてください。聖書のみことばを深く観察し、文脈を正しく解釈し、最後に私たちと教会に神様が下さったメッセージを書き記して、黙想してください。これこそ、神様が私たちにご自身の御旨を示してくださる大切な方法です。

第二に、聖霊の神様は私たちの夢を通して語ってくださいます。神様が下さる夢の特徴は、とても明確であるということです。民数記一二章六節には「仰せられた。『わたしの言葉を聞け。もし、あなたがたのひとりが預言者であるなら、主であるわたしは、幻の中でその者にわたしを知らせ、夢の中でその者に語る』」とあります。普通の夢と神様の夢は違います。細かい部分まで覚えているのが神様の夢です。そのような明確な夢を見た後は、聖霊なる神様にその解釈を求めるべきです。また、その夢を見た場所と日時と内容を記録しておく必要があります。

アメリカに住んでいるある婦人が、ご主人が観光に行って事故で死んでしまう夢を見ました。不安になった婦人は、ご主人に旅行には行かないように言いました。しかしご主人は、夢など大したことはないと思って旅行に出かけて行き、夢の通りに事故で亡くなってしまったのです。私たちの周りには、そのようなことがたくさんあります。神様は、総督ピラトの妻にも、不吉な夢を見せてくださいました。ところがピラトはそれを無視し、イエス様を十字架に釘付けてしまいました。

もし皆さんが共同体に関する夢を見たなら、それは共同体のとりなしのために与えられた夢です。祈りで備えるのと、何もしないのとでは大きな差があります。ですから神様は祈るように、前もって夢を与えてくださるのです。しかし共同体に関することを、夢を通して示されると、高慢になる恐れがあります。夢を頂いたときには周りに知らせることも大切ですが、場合によっては、それを秘密にしなければならない場合もあります。ヨセフは十七歳の時に夢を見た後、その夢を簡単に兄たちに明かしました。そこで、兄たちの憎しみを買ってしまいました。もちろん、神様はすべてを働かせて益にしてくださるのですが、場合によっては「理解を超えた大いなること」を先に知ったとしても、主のみこころが完全に成し遂げられるように、その夢を一人で抱いて祈ることも必要です。

聖霊の神様が私たちに語る第三の通路は幻です。多くの預言者たちが、幻を通して神様のメッセージを聞きました。ゼカリヤは金の燭台の幻を見ました。使徒パウロもアジアで福音を伝えようとしたとき、「マケドニヤに渡って来て、私たちを助けてください」という幻を見ました。そこでパウロはアジアではなく、ヨーロッパの方に行きました。使徒パウロは祈って、神様に拠り頼みながら牧会したので、神様が幻を通して見せてくださったのです。

第四の通路は、私たちの頭の中に描かれるイメージです。ある人を見て「神様、この人のために神様が下さるメッセージは何ですか」と聞いてみると、何かが浮かぶ場合があります。イメージのようなものが浮かぶ場合もあります。私が牧会者の集いで、ある牧師のために祝福の祈りをしたとき、幻が見えました。その先生がマラソンランナーのように走っていましたが、その後を大勢の青年たちが付いてくるというイメージです。

「神様がこの先生を通して、青年の働きをなさろうとしている」

この預言的なイメージを伝えると、その牧師はもうすでに青年の働きに対するビジョンを頂いていました。このように神様は、イメージを通して語る場合もあります。

最後に、レーマを通して語る場合もあります。ロゴスは書き記されたみことばで、レーマは聖霊様が今、私個人に与えてくださるみことばです。レーマは、考えを通して語られる場合が多いのです。レーマは、常に神様に質問しながら、神様の霊感とみことばを求めて祈る祈りです。レーマという単語は、新約聖書だけで七十回以上使われています。

特にレーマという単語が使われている有名な個所に、ルカの福音書五章五節があります。

「するとシモンが答えて言った。『先生。私たちは、夜通し働きましたが、何一つとれませんでした。でもおことばどおり、網をおろしてみましょう』」

みことば通り、シモンは網をおろしました。そこで主が語られた「深いところに網をおろしなさい」という言葉が、レーマのみことばです。レーマに従順に従うとき、驚くべき実が結ばれるのです。また、レーマのみことばは私たちに祈りの答えを下さいます。ヨハネの福音書一五章七節には「あなたがたがわたしにとどまり、わたしの言葉があなたがたにとどまるなら、何でもあなたがたのほしいものを求めなさい。そうすれば、あなたがたのためにそれがかなえられます」とあります。レーマのみことばが皆さんに臨むと、皆さんのすべての祈りは答えられるのです。

ローマ人への手紙一〇章一七節を見ると「そのように、信仰は聞くことから始まり、聞くことは、キリストについてのみことばによるのです」とあります。ここでの「みことば」という言葉にも、レーマという単語が使われました。私たちはレーマのみことばを聞くとき、信仰を持つことができます。ある人は書き記されたみことばを読むとき信仰が生じるのですが、ある人はいくら読んでも意味がわからず、強い信仰が生じない場合もあります。しかし、聖霊様が働いて心の中にレーマが与えられると、そのみことばを通して私たちは信仰を持つようになります。ではどうすれば神様のレーマを頂く訓練をすることができるのでしょうか。

一番目に、神様に自分の心と視線を集中することです。祈るとき、主が私の前にいらっしゃると、信仰の目を持って想像するのです。二番目は、神様に質問をすることです。

「神様。神様が今私に下さる聖書のみことばは何ですか」

「神様、今私の前にいるこの人のために祈ろうとしています。この人の何を祈るべきでしょうか」

このように質問すると、神様が心の中に考えを与えてくださいます。とても自然に考えが浮かぶのです。その考えがまさしく神様のレーマです。神様が下さる考えは平安であり、肯定的です。しかし、サタンのもたらす考えは否定的で、破壊的です。また、人間の考えはとても分析的です。しかし神様の考えは自然に、瞬間的に浮かぶのです。

三番目に、ロゴスを通してレーマを見分けるべきです。習慣的に浮かぶ考えが神様からのレーマかどうか知るためには、聖書を用いて吟味する必要があります。例えば、ある夫婦が相談に来たとき「神様、この夫婦にどのように答えるべきでしょうか」と聞いたら、「この夫婦を離婚させなさい」という言葉が浮かんだとしましょう。これは、聖書に照らしてみると間違っています。ですから、これは神様のレーマだとは考えられないのです。これはサタンの考えである場合が多いと思います。聖書に照らしてみると、本当にレーマかどうかを知ることができます。レーマをたくさん頂くためには、聖書をたくさん勉強し、暗唱して、黙想するべきです。レーマは、ロゴスを通して吟味する必要があります。これはとても大切な原理です。

神様の御声を理解する基本的な原理は、神様が今この時間に語られるということです。人生の中で「神様は私に二、三回はわかりやすく語ってくださるだろう」とは思わないでください。神様は今こ

聖霊なる神様の御声を聞く方法

1. 聖書を通して
2. 夢を通して
3. 幻を通して
4. 私たちの考えを通して
5. レーマを通して

の瞬間、語ることを願っておられるのです。聖霊の神様は人格的なお方であり、知、情、意を持っておられる方ですから、この方との親しい交わりを通して、神様の御声を聞くべきです。過去は必要ありません。これから将来、神様の御声を聞こうという決心も要りません。今この時間に、神様の御声に耳を傾けることが大切なのです。

また神様は、人や環境を通して語ってくださいます。神様が私たちをある状況に置くのは、私たちの品性を新しくするためです。夫婦は一緒に時間を過ごしながら愛する方法を学び、互いに忍耐することを学んで、次第に品性が整えられるのです。ところが私たちは品性を整えることよりも、今自分が楽な方法を願う場合が多いのです。神様が環境を通して試練を与えてくださるなら、私たちはそれを受け入れて従う態度が必要です。どのような大いなる計画があるのかを知ることができないこともあるかもしれませんが、それでも従うべきです。ある子どもが「お父さん、包丁を下さい。包丁で遊ぶのが楽しいから」と言うとき、子供に包丁を与えるお父さんがいるでしょうか。親の立場から、なぜ包丁で遊ぶのが駄目なのかを説明しても、子どもには理解できません。同じように、神様が私たちにあることを命令するときには、すべての理由を理解しようとしないで、とにかく従うべきです。

神様の考えは、皆さんに大きな希望と勇気を与えます。しかし、サタンは私たちの心に自分で判断するという考えを入れ、軽べつする心を入れるのです。ほかの人のことを悪く言いたくなる心を入れ、誰かに対する憎しみを入れるのです。もし私たちの中にこのような考えが浮かぶのなら、これは神様の考えではありません。私たちに憎しみと軽べつの心が生じるのなら、これはサタンの考えだと信じて、イエス様の御名によって追い出し、その相手のためにとりなしの祈りをするべきです。ヤコブの手紙五章九節には「兄弟たち。互いにつぶやき合ってはいけません。さばかれないためです。見なさい。さばきの主が、戸口のところに立っておられます」とあります。誰かを憎む考えが入ってきたら、それを遮断して、神様の考えで武装することが大切です。

聖霊なる神様の御声を聞くことで、私たちは四次元の霊性をさらに心の奥深くに受け入れることができるのです。聖霊なる神様の御声を聞くことができるように求めてください。皆さんは驚くべき聖霊の人になります。

聖霊なる神様が下さった賜物を活性化しよう

聖霊なる神様が下さった賜物を活性化させることが大切です。

リーダーは、聖霊が下さる賜物を開発して、活性化させる必要があります。霊的指導者には二つの確信が必要です。一つは救いの確信、もう一つは賜物に対する確信です。指導者は、イエス様の血潮で救われたという明確な確信がなければなりません。そして、指導者は働きに呼ばれたという召命の確信があるべきです。そして、神様は指導者を立てて働きを任せるとき、それを背負うことができるように、賜物もプレゼントとして与えてくださるのです。四次元の指導者は、コーリング（召命）にふさわしい賜物が自分に与えられていることを悟り、それを発見して、活性化させる責任があります。

聖霊の賜物で働く人とそうではない人とでは、結果が天と地ほどの差があります。三十歳で牧師になったキャメロン・ペリー博士は、六十歳になるまで聖霊の力を体験することができませんでした。彼の奥さんが病気になった日から、彼はいやしの賜物について、聖書を研究し始めました。彼はイエス様が病をいやす方であることを再発見して、祈りの中で主がいやしてくださることを確信しました。彼は、家族全員が寝た後、聖霊様と毎日一時間ずつ交わりをしました。ある日、台所で料理をしていたとき、突然聖霊様の臨在を体験し、いやしの力を頂きました。彼が聖霊の体験をしてから、働きに力がわき出ました。その後の二カ月間の伝道は、過去三十年間の伝道より多くの実を結びました。

このように、すべての賜物は信仰によって活性化します。異言、いやし、預言など、ほとんどの賜物は、信じるときに力を発揮します。異言も、求める者には与えてくださるというみことばを信じて、実際に口を開け、チャレンジするときに与えられるのです。預言も同じです。自分の考えと感情を遮断して、聖霊様に自分自身を明け渡したときに、聖霊が下さる考えが浮かぶのです。預言のメッセージを受けてから伝えるのではなく、預言しようと口を開くとき、メッセージを頂くことが可能になるのです。私たちが信仰によって口を開くとき、預言の流れが始まるのです。

チョー・ヨンギ師は海外で聖会を行うとき、必ずいやしの時間をもうけます。アメリカやヨーロッパに行っても「病の人は手を挙げてください」と言うと、半数以上の人が手を挙げるそうです。そして、その人々のためにいやしの祈りをすると、聖霊様が「今日はこのような病の人がいやされた」と語ってくださるのだそうです。しかし、たまには心の中にこのような考えが浮かびます。

「もし、私がここでこのような病の人がいやされたと宣言して、いやされなかったらどうしよう。恥ずかしい目に遭うのではないか」

でも、これはサタンの考えだと思って、大胆に信仰によって宣言します。

「今日、このような病を持っている人が、主の御名によっていやされました」

信仰を持っていやしの力を宣言するとき、人々が病から解放されるのだそうです。このように、賜物は解放するときに働くのです。

このように貴重な賜物を、四次元の指導者は継続的に開発するべきです。継続性が大切です。賜物は一回で終わるものではなく、一生の間、開発するべき課題です。以前にはなかった賜物が、信仰生活を継続する過程で新しく与えられる場合もあります。あるいは、前から持っていた賜物を、最近になって悟る場合もあります。ですから霊的な指導者たちは、賜物の発見と開発に敏感になる方が良いでしょう。賜物を活性化すると、まるでダイナマイトのような爆発力があり、賜物が活性化されると、とても大きな力で神様の働きを全うすることができます。賜物の活性化を通して、大きな働きを全うすることを願います。

聖霊に従い、神様とつながろう

聖霊の人になるためには、神様に従い、神様とつながって、一つになることが大切です。聖霊様に従うことを学ばなければ、神様の御声を聞いても、聖霊の賜物で人をいやす働きをしても、完全な聖霊の人になることはできません。多くの牧会者たちがチョー・ヨンギ師のところに来て「先生、どうすればこのように教会が成長するのですか」と聞きます。するとチョー師はこう答えます。

「私は祈り、そして従うのです（I pray and I obey）」

ただ祈って、従うのです。聖霊様に従うので、神様はチョー師の働きを祝福してくださるのです。私たちが神様に従って、神様と一つになるとき、真に神様と人とに仕えるリーダーシップを開発することができるのです。

イエス様のリーダーシップの一番大切なポイントは、まさに「仕える姿勢」です。私たちが素晴らしいリーダーになるためには、仕える姿勢がなければなりません。まず最初に、神様に仕えることを学ぶべきです。なぜ、多くの人が荒野の涙の学校に入学することになるのでしょうか。それは、彼らが荒野での過程を通して、神様に仕える方法を学ぶからです。二番目に、私たちは神様のビジョンに仕えることを学ぶべきです。チョー師が西大門《ソデムン》教会にいたとき、信徒の数は三千人を超えていました。一九六九年には一万八千人の教会になりました。当時、チョー師はこう思ったそうです。

「すべてがうまくいく。素晴らしい家庭もあるし、車や運転手もいるし、すべてに満足だ」

しかしある日、聖霊様が「この教会から離れなさい。すべてを教団総会に委託して、あなたはヨイドに行って、新しく開拓をしなさい」と語りました。この御声を聞いて、チョー師はかなり苦しんだそうです。

「神様、何かの間違いではありませんか。私は今までに二カ所も開拓して、一生懸命やってきました。やっと安定してきたのです。私はもう疲れました。より大きな主の計画のためには、ほかの人を選んでください」

そう言いながら、自分の使命を否認したそうです。しかし、聖霊様は言いました。

「わたしが教会の主人である。ここでのあなたの働きは終わったから、ここを離れなさい。あなたはヨイドに行って、一万人が入れる教会を開拓し、地の果てまで宣教師を派遣する計画を立てなさい」

結局、チョー師は御声に聞き従い、西大門《ソデムン》を離れてヨイドに移り、一九七三年に会堂を建てました。西大門《ソデムン》教会に安住することもできましたが、聖霊様はもっと大きなビジョンを与えてくださり、チョー師はそれに従ったのです。私たちも、新しいビジョンに従うことがつらい場合もあります。しかし聖霊なる神様が持っておられる、より大きなビジョンに無条件で従うなら、聖霊様は私たちを導いて、祝福してくださることを知るべきです。

仕えるリーダーシップのもう一つの大切な要素は、神様のビジョンで人々に仕えることです。このとき私たちが知るべきことは、仕えること自体が偶像になってはいけないということです。その人に仕えるのではなく、

≫仕えるリーダーシップを学ぶ方法

1. 神様に仕える方法を学ぶこと
2. 神様のビジョンに仕える方法を学ぶこと
3. 人々に仕える方法を学ぶこと

その人に対する「神様のビジョン」に仕えるべきです。神様がこの人に願っておられることは何であるのか、この人にはどのような霊的使命が与えられているのかなどを把握して助けることが、その人に仕えるということなのです。

聖霊の働きは、聖霊の人を通して行われます。チョー・ヨンギ師は聖霊の鍛練と導きがあったからこそ、大勢の人に影響力を与えることができました。私たちも聖霊の人になるためには、聖霊なる神様と交わる方法を学び、聖霊様の御声を聞く方法を学び、私たちに与えられた賜物を活性化させ、信仰をもってそれを用い、聖霊様に従って聖霊様とつながるべきです。自分の考えが、聖霊なる神様の考えになるべきです。どのようなビジョンや夢を持っていたとしても、それが聖霊様のビジョンや夢になるべきです。自分の口からどのような言葉が出てきたとしても、それが神様の言葉になるべきです。これこそ、聖霊様との完全な結び付きが実現したということです。これが、まことの四次元の霊性の人になるということなのです。これから、皆さんに与えられた神様の目的が成し遂げられるために、聖霊の人になるように努力してください。聖霊様に従うリーダーシップを学ばないと、人々を導くリーダーシップを持つことはできません。最後に次の章で、四次元リーダーシップの七番目の秘訣について分かち合いたいと思います。

Thinking

黙想と実践

考えてみよう

1. 生活の中で、聖霊様との親しい交わりを妨げる障害物は何であり、それを克服するためにはどうするべきかを考えてみましょう。

2. 聖書、夢、幻など、いろいろな方法を通して神様の御声を聞いたことがありますか。考えてみましょう。

3. 自分に与えられた賜物なのに、ないと思っていた賜物はないか、考えてみてください。

4. 神様に仕え、神様のビジョンに仕え、人々に仕えるために、自分自身に必要なものは何であるかを考えてみてください。

Practice

実践しよう

相手に預言的聖書個所を教えること

二人ずつペアを組んで、神様に十分祈った後、祈りの中で浮かんだ聖書箇所を互いに伝えましょう。リーダーは、人々に対する神様のみことばを伝えられるべきです。

証しと例話

見えないところで従順に従うこと

ある人が、アメリカのコロラドでスキーをしていました。彼は果てしなく広がる雪原の上でスキーを楽しんでいました。ところが彼は、スロープの途中で赤いベストを着ている人々を発見し、それがどんな人々なのか知りたくなりました。そこで彼らのところに近づいて、赤いベストに書いてある文字を見ました。そこには「視覚障害者」と書いてありました。彼はびっくりしました。

「俺なんか両目が見えてもスキーが難しいのに、目が見えない人がスキーをするなんて信じられない。どうやって滑るのだろう」

彼はどうやってスキーをするのかが気になって、彼らが滑るところを観察しました。その答えは驚くほど簡単でした。彼らにはそれぞれ完璧に信頼できる案内者が一人ずつ付いて、スキーを教えていたのです。その案内者たちは、彼らの前、隣、後ろで、一緒に滑りました。いつも意思疎通ができるような位置にいました。彼らには基本的に二つの意思伝達の方法がありました。一つは、場所を知らせるためにストックを叩くことでした。もう一つは、次に取るべき行動を指示するために「まっすぐ」「止まれ」「ゆっくり」「右側から人が来る」「左側から人が来る」などの簡単な合図をしていました。視覚障害者たちは、その指示に従えば良いのでした。

それを見て、彼は悟りました。私たちの人生は、まるで何も見えない状態で山の上から降りるようなものです。彼らと同じように、私たちには五秒後には何が起こるかもわかりません。誰かが、私たちが滑っている道に入り込むかもしれません。そんなとき、私たちの案内者であられる方がいます。神様は、私たちが人生を歩んでいる間、私たちの案内者である聖霊様を送ってくださいます。その方は、私たちとともに歩き、私たちとともに話をします。しかし、私たちにもすべきことがあります。それは、案内してくださる方の言葉に聞き従うことです。ただ聖霊様に従うだけで、私たちの人生は大きく祝福されるのです。

成功する霊的指導者の七つの秘訣

SECRET 7

らせん状に上昇する自己開発

四次元の霊性を継続的に訓練する

脳本を発達させて知性を開発する

人格で人々の献身を引き出す

専門性を開発し、優れた能力を所有する

人々の心をつかむ社会性を開発する

健康のために体を鍛錬する

SECRET 7

らせん状に上昇する自己開発

「人生は、自分が努力した分だけ報いを受けるようになっている。力を尽くしていない者に何も与えないこと、それが自然の法則である」

ホレス

四次元のリーダーシップ開発において最後に知るべきことは、らせん状に上昇する自己開発です。

リーダーシップの更新は、自己更新から始まります。ネジをしっかり締めるためには、らせん状に少しずつネジを回していくように、たゆみない自己開発の努力は、自己刷新の原則であり、過程です。指導者の自己開発は、らせん状に上昇するべきです。これは神様のビジョンに向かって、継続的に、らせん状に成長するということです。そして、らせん状に上昇する能力を開発するためには、近道はありません。

私は今まで、世界各国のいろいろなリーダーたちに会ってきました。たくさんのリーダーに会い、観察して、彼らに共通することを感じました。それは、優れたリーダーたちは、自己訓練に卓越した人だということです。これをセルフ・リーダーシップ（self-leadership）と言います。

これは与えられたビジョンと目標に向かって、自分自身を開発し、訓練する能力を意味します。ディー・ホック（Dee Hock）は「指導者は自分の時間の五十パーセントを自己開発のために費やすべきである」と言いました。最初この話を聞いたときには、「五十パーセントは多過ぎるだろう」と思いましたが、考えれば考えるほど、自己開発はいくら強調してもし過ぎることはないということを悟りました。

ビリー・グラハム（Billy Graham）師は引退する直前に、記者から次のような質問を受けました。

「先生。人生を再びやり直すことができるなら、どのように過ごしたいですか」

これに対して、ビリー・グラハムはこう答えました。

「メッセージをしたり、教えたりする働きを半分に減らして、余った時間を自分自身を開発して訓練することに費やしたいです」

ビリー・グラハム師は優れたリーダーでしたが、一生の働きを終えてみると、自己開発がどれほど大切であるかを切実に悟ったので、こう語ったのでしょう。霊性、知性、人格、体力など、すべての面において自分自身を訓練することが、セルフ・リーダーシップの核心です。ビリー・グラハム師は「私は学歴や生まれに大きな限界を感じていたので、常に学ぼうとしてきました。私は人々との会話の中でも、環境の中でも、今でも学んでいます」と言いました。これは彼が八十歳の時に語った言葉です。

偉大なリーダーは、学ぼうとする情熱であふれています。私はチョー・ヨンギ師から、このような言葉を聞いたことがあります。

「私は神様に三つのことを感謝しています。一番目は貧しさです。私は貧しかったので、貧しい人々の悲しみや痛みを理解して、牧会することができました。二番目は、病気で苦労してきたことです。病気で苦労をしたからこそ、いやしについて研究し、いやしの働きができたからです。三番目は、学歴がないことです。この世で学問を学べなかったので、その分、自分の実力を開発するためにたくさんの本を読むことができました」

私はこの話を聞きながら、自己開発の大切さを再確認することができました。

使徒パウロは、コリント人への手紙第一の九章二七節で「私は自分のからだを打ちたたいて従わせます。それは、私がほかの人に宣べ伝えておきながら、自分自身が失格者になるようなことのないためです」と語っています。パウロも、絶えず自分の体を打ちたたいて従わせる自己鍛練、自己訓練に関心を持った人でした。テモテへの手紙第一の四章一二～一五節でも「年が若いからといって、だれにも軽く見られないようにしなさい。かえって、言葉にも、態度にも、愛にも、信仰にも、純潔にも信者の模範になりなさい。私が行くまで、聖書の朗読と勧めと教えとに専念しなさい。長老たちによる按手を受けたとき、預言によって与えられた、あなたのうちにある聖霊の賜物を軽んじてはいけません。これらの務めに心を砕き、しっかりやりなさい。そうすれば、あなたの進歩はすべての人に明らかになるでしょう」とあります。テモテは三十代の若い牧会者でした。エペソ教会には、テモテよりも年を取っている信徒がたくさんいました。そこでパウロはテモテに、牧会者として年が若いからといって無視されることがないようにとアドバイスしました。そして、自分自身の能力と実力を常に磨いて、成長する姿を見せ、模範となることを強調しました。影響力のある四次元のリーダーシップの開発のためには、リーダーは自己訓練に成功しなければなりません。

チョー師の一日のスケジュールの中で、午後の時間は自己開発のための時間です。健康のために運動をします。それほど若くないにもかかわらず、国内はもちろん、海外でのスケジュールもすべて無理なく消化することができるのは、このような徹底的な健康管理から来るものです。その後は、祈りと黙想の時間を設けています。神様との深い交わりを通して、親密なパートナーシップを築いていくのです。また余った時間を用いて本を読んだり、外国語の単語帳を持ち歩きながら、勉強したりしています。そのためか、チョー師のメッセージはとても現実的で、現代人に役に立つような知識の泉が涸れることがありません。海外での聖会で、英語や日本語で自由にメッセージをすることができるのも、休むことのない自己開発のおかげなのです。

では、私たちはどのような領域で自分を開発するべきでしょうか。ここで六つの領域を提案したいと思います。それは、霊性、知性、人格、専門性、社会性、体力です。この六つの領域で、自分を管理して開発する訓練法を学んだなら、私たちは一生、神様が願っておられる指導者として生きることができるでしょう。

四次元の霊性を継続的に訓練しよう

霊性に関しては、さまざまな神学的な定義がありますが、信仰的にわかりやすく説明すると、「神様との親密さ」です。誰かが

》セルフ・リーダーシップ訓練の6つの領域

1. 四次元の霊性を継続的に訓練しよう
2. 脳本を発達させて知性を開発しよう
3. 人格で人々の献身を引き出そう
4. 専門性を開発して、優れた能力を所有しよう
5. 人々の心をつかむ社会性を開発しよう
6. 健康のために体を鍛錬しよう

深い霊性を持っているというのは、その人が神様と深い関係にあるという意味です。アブラハムは神様と親しい関係にあったので、神様の友と呼ばれました。モーセも神様と親しい関係にありました。また霊性は、神様の恵みに対する体験と反応とも言えます。祈りが答えられることと神様の恵みをたくさん経験した人は、霊性が深くなります。また自分が受けた恵みにとどまるのではなく、賜物を生かして奉仕をしたり、献金をしたり、伝道したり、仕えることで恵みに反応すると、霊性はより深くなります。

四次元の霊性を開発すると、神様との親密さが開発され、神様の深い恵みを体験するようになります。四次元の霊性の焦点は、私が何を考えても、それが神様の考えになるようにするということです。人生の中でどんな夢を持っても、それが神様の夢になるようにするということです。何を話しても、それが神様の言葉のようにするということです。私たちは聖霊の中で継続的に神様に従い、聖霊と一つになることを追求すべきです。教会の歴史の中で、霊性開発の方法はたくさんありました。礼拝、祈り、聖書、聖礼典（バプテスマと聖餐）、読書、賛美、交わり、奉仕、キャンプ、日記、黙想など、たくさんの訓練の方法がありますが、祈りとみことばは一番基本的で、一番大切な訓練の方法です。私は特に、皆さんにみことばの祈りをお勧めします。みことばの祈りとは、神様のみことばを握って祈ることです。聖書のみことばには、神様の考え、信仰、夢が含まれています。みことばを握って祈るとき、四次元の霊性が私たちの中で開発されます。私は大学生のとき、みことばの祈りを知りました。その時の大きな祈り課題は、父の救いでした。父は長い間イエス様を信じなかったのです。私は幼いころから父の救いのために祈っていましたが、父は教会には来ませんでした。

ところが私が大学に入って、エペソ人への手紙一章一七節以降のみことばで祈るようになると、何年かたって、父が救われたのです。「どうか、私たちの主イエス・キリストの神、すなわち栄光の父が、神を知るための知恵と啓示の御霊を、あなたがた（私の父）に与えてくださいますように。また、あなたがた（私の父）の心の目がはっきり見えるようになって、神の召しによって与えられる望みがどのようなものか、聖徒の受け継ぐものがどのように栄光に富んだものか……」と、父の名前を入れて祈ったら、父が変えられたのです。

チョー・ヨンギ師の牧会哲学も、ヨハネの手紙第三の二節に出てきます。「愛する者よ。あなたが、たましいに幸いを得ているようにすべての点でも幸いを得、また健康であるように祈ります」。これは使徒ヨハネの祈りですが、同時に私たちに対する神様のみこころでもあります。チョー師はこのみことばの意味を発見して、このみことばを握って祈り、信徒の皆さんに三重の祝福を宣言しました。私は生まれたときからヨイド純福音教会で信仰生活を送っていたので、この三重の祝福を経験しました。私が小学校五年生の時にイエス様の幻を見て、てんかんがいやされました。

その後、母と部屋で祈っているうちに聖霊のバプテスマを受け、異言を頂きました。それからは、勉強をしたら神様が知恵を与えてくださり、勉強が楽しくなってきて、勉強もできるようになりました。中学生、高校生になると、さらに勉強ができるようになりました。高校時代には、成績がベスト五に入りました。勉強をする目的を神様の栄光と宣教に定めてから、神様が勉強を祝福してくださったのです。イギリスでの博士課程の勉強の時も、良い成績で終えることができました。私がヨハネの手紙第三の二節を通して三重の祝福を経験したように、皆さんも神様のみことばを握って祈るとき、驚くべき神様の祝福があふれるようになります。

みことばの祈り以外にも、さまざまな祈りとみことばの訓練を通して、私たちは四次元の霊性を開発することができます。さまざまな祈りの訓練のモデルについては、私が以前書いた『祈りのリバイバルプロジェクト』（弊社刊）を参考にしてください。祈りとみことばの訓練をするとき、四次元の霊性開発に焦点を合わせることが効果的です。霊的リーダーは、いつも神様の夢を胸に抱いて出て行くべきです。皆さんも、四次元の霊性を継続的に訓練してください。

脳本を発達させ、知性を開発しよう

私たちは、霊性開発とともに知性も開発すべきです。成長するリーダーや組織になるためには、必ず脳本がなければなりません。脳本とは、人々の頭の中に蓄えられた知識や知恵のことです。

ある日、お母さんネズミと子どもネズミが一緒に道を歩いていると、猫に会いました。子どもネズミは怖くて、お母さんの後ろに隠れました。お母さんネズミは、猫の前で「ワンワン」と犬の声を出しました。そうすると猫が逃げてしまいました。子どもネズミはびっくりして、お母さんに聞きました。

「ママ、なぜ猫が逃げたの」

お母さんが答えました。

「今の時代に二カ国語は常識だよ」

面白い話ですが、このように小さな動物のネズミさえも、生き残るために自分の知性を活用するという教訓が含まれています。今日、企業が大切にしているのも、職員の頭の中にある知識の資本です。ですから知識経営が大切な時代です。今、教会の信徒がどのような霊的知識を持っているかが大切です。

人間の脳は多くの潜在的な力を持っています。何年か前に人体博物館に行ったとき、アインシュタインの脳を見ました。普通の人の脳は千四百グラムですが、アインシュタインの脳は千二百グラムしかありませんでした。しかし、アインシュタインの脳は、ほかの人の脳より神経細胞が発達していました。そんなアインシュタインでさえも、自分の脳の潜在能力の十パーセントも使わないうちに亡くなりました。私たちの脳には百四十億個の細胞がありますが、普通の人は五パーセントも使わないうちに死んでしまうことが多いのです。ですから私たちは、私たちに与えられた潜在的な力を、最大限に活用する必要があります。

それではリーダーは、どのように知性を開発するべきでしょうか。一番良い方法は読書です。スポルジョンは読書に集中して、一週間で平均六冊の本を読んだと言われています。ナポレオンも読書が好きでした。ナポレオンは移動式図書館を造り、戦場でも歴史、世界、文学などについて、たくさんの本を通して、見聞や知識を広めました。メソジストを創立したジョン・ウエスレーも、自分の時間を五分単位に分けて管理しながら、時間があるたびに読書をしました。使徒パウロもたくさん本を読んだ人です。教会史を見ると、神様が用いたリーダーたちは深い霊性を持っていましたが、同時に知性においても優れていました。

チョー・ヨンギ師が若いころ、あるアメリカ人宣教師の農地を訪ねました。その家には数千冊の本がありました。チョー師はその本を少しずつ借りて、全部読んだそうです。リーダーはこのように、知性の開発にもたくさんの時間を投資するべきです。

読書は、私たちの専門性を開発してくれます。ある分野の本を百冊読めば、皆さんはその分野の専門家になれます。リーダーシップの専門家になるためには、リーダーシップの分野の本を百冊読んでください。牧会者たちも神学の勉強だけではだめです。この世の人々がどのような人生を過ごしているかを知る必要があります。政治家に会っても、会話がはずむべきです。事業家に会っても、会話ができるようになるべきです。ですから、いろいろな分野について勉強する必要があります。

私は大学の時、英文学を専攻しました。私が英文学を専攻した理由は、世界宣教のためでした。ところが大学では、英語よりも詩や小説を勉強しました。文学を勉強しながら、人生をより深く理解するようになりました。歴史、哲学も好きでしたし、宗教学を副専攻にしましたから、イスラム教、ヒンズー教、仏教についても勉強しました。大学院の一年目には、組織神学にも興味を持ち、本を読んで勉強しました。そのとき、教会成長研究所が設立され、私は創立メンバーとして加わり、教会成長学を研究するようになったのです。

その後、私はイギリスでリーダーシップを専攻しました。心理学、経営学、政治学の分野に関する論文をたくさん読みました。また、論文を社会的な方法で書いたので、調査や分析などの統計学も独学で勉強しました。当時は「何で、私が統計学まで勉強しなければならないのか」

という疑問も持ちましたが、すべてを終えてみると、神様の備えと訓練でした。

時がたって、私は教会成長研究所の所長となり、韓国の教会を調査して『開拓教会実態研究報告書』『ノンクリスチャン伝道戦略研究報告書』『韓国教会競争力報告書』『韓国教会社会奉仕実態』などを出しました。このような作業をするためには、研究方法論、調査設計などを理解していなければなりませんでした。私は留学時代の神様の訓練のおかげで、すべての働きを全うすることができたのです。すべてが神様のご計画でした。

知性の開発に必要なもう一つの要素は、外国語の勉強です。外国語をうまく話せると、たくさんの利点があります。特に今は、どこでも英語が用いられる時代ですので、英語ができるとたくさんのことができるようになります。何年か前、ビル・ハイベルズ牧師が韓国に来て、韓国の牧師たちと交わりを持ちました。そのとき、ハイベルズ師と深い交わりができた牧師は二人ほどしかいませんでした。ほかの先生たちはただあいさつだけで、せっかくの交わりが終わってしまったのです。

私たちが知性を開発すると、リーダーシップ開発に大きな益になります。私たちの知性が発達されれば、神様はそれにふさわしく、私たちを大きく用いてくださるのです。

人格で人々の献身を引き出そう

霊性と知性と同じくらい大切なものが人格です。私たちは人格を開発すべきです。人格は人々の尊敬を受け、また献身を引き出す力です。人々は指導者の人格のレベル以上には従いません。もし、リーダーが自己中心的な人なら、いくら頭が良くて、いくら祈る人でも、尊敬したり、従ったりはしません。

ジョン・マクスウェルは、組織の構成員がリーダーに従う段階について、このように語っています。第一段階は、人々がリーダーの地位のゆえに従います。第二段階は、リーダーが好きで従います。第三段階は、リーダーがやってきた業績を見て従います。第四段階はリーダーが人々を建て上げ、成長させてくれるから従います。最後の段階は、リーダーの人格のゆえに従います。リーダーの人格が信頼でき、誠実であると、人々はリーダーを認めて従うのです。これこそが最高のリーダーシップと言えるのではないでしょうか。

ですから皆さんも、素晴らしいリーダーになることを願っているな

》リーダーシップの５段階（ジョン・マクスウェル）

1. 地位
2. 許容
3. 成果
4. 人材開発
5. 人格

ら、人格開発に力を入れるべきです。アメリカの建国初期の政治家であり、発明家でもあるベンジャミン・フランクリンは、十三個の徳目を通して、自分の人格を整えました。それは節制、沈黙、秩序、決心、倹約、勤勉、誠実、正義、中庸、清潔、平静、純潔、謙そんです。この十三項目を定めて、週に一個ずつ実践しました。私もここからアイデアを頂いて、十個の徳目を決めました。それは愛、喜び、平安、寛容、親切、善意、誠実、柔和、自制、謙そんです。これを週に一個ずつ実践しました。このように、私たちの人格をアップグレードさせることができるなら、本当にうれしいことだと思います。リーダーの品性は人々の心に感動を与え、肯定的な影響力を与えるのです。

専門性を開発し、優れた能力を所有しよう

二十一世紀は専門家の時代です。ビル・ハイベルズ牧師がこのような話をしました。

「卓越性（excellence）は人々を感動させる」

私が二〇〇三年二月にチョー師にインタビューをしたとき、若い牧会者たちに送るアドバイスを一言お願いしました。そのとき、チョー師は二つのことを強調しました。一番目は、主の

しもべは召命感が確かであること、二番目は、専門性を蓄えるべきだということです。優れたリーダーになるためには、自分の分野で卓越して働くことができるべきです。

イタリアのシスティーナ礼拝堂に行くと、天井にミケランジェロの『天地創造』という大作が描かれています。この制作にあたって、ミケランジェロは天井に上って、長時間かけて、細かく絵を描いていました。下から見ていた人が、ミケランジェロにこう言いました。

「ここから見ると見えない部分に、なぜそんなにこだわるんだ。適当にやってもいいじゃないか」

すると、ミケランジェロは答えました。

「ほかの人には見えないけれど、私には見えます」

ほかの人がどう評価しても、自分が満足できなければ納得できないということです。最善を尽くしたかどうかは、自分自身が一番よく知っているはずです。自分自身が満足できるまで最善を尽くすという姿勢を持つとき、私たちは優れた専門性を持つことができます。それぞれの分野で優れた能力、専門性を開発して、神様が喜んで用いるリーダーになるべきです。

人々の心をつかむ社会性を開発しよう

またリーダーは、社会性の開発にも関心を持つべきです。成功した人々の秘訣は、二十パーセントが能力で、八十パーセントは対人関係のおかげだと言われています。時には、私たちの能力より対人関係が大切なのです。ＩＱ（知能指数）やＥＱ（心の知能指数、情動指数）も大切ですが、ＮＱ（Network Quotient：思いやり指数）、つまり対人関係指数もとても大切です。

対人関係の大切さについては、たくさんの学者たちが研究結果を発表しています。アメリカのボストン大学のヘルズマン教授は、七歳の子ども四百五十人を対象に、基礎調査を行いました。四十年後、彼らの社会経済的地位の追跡調査を行いました。研究の結果、人生で成功している人は、対人ネットワーク能力、危機管理能力、そして感情コントロール能力を持っていたそうです。またアメリカの心理学者メスラーも、リンカーン、ベートーベン、ルーズベルト、アインシュタインなどの有名人三十人を調査した結果、彼らは特に人脈管理に優れた能力を持っていたことがわかりました。

リーダーの対人関係が良く、その幅が広くなると、その分成功のチャンスはさらに多くなります。日本にはコイがいます。コイは小さい水槽で飼うと五〜八センチメートルくらいにしか成長できませんが、大きな水槽や池で飼育すると、九十〜百二十センチメートルにまで成長します。コイは自分が息をして活動している世界によって、小さくもなるし、大きくもなります。

魚が水槽で泳いでいるように、私たちはこの世で泳いでいます。自分に与えられた時間を無駄に消費する人より、積極的に現場で人間関係を築く人が、より偉大なリーダーになります。

私も今まで、たくさんの国際的な人脈を開発してきました。過去数年間に海外の人々とやり取りしたメールだけで数千通に上ります。その中の一人が世界宣教協議会（ＷＣＣ）の宣教局長であるジャック・マティーです。私が彼に初めて会ったのは、一九九九年ドイツのハンブルクでのことでした。それから私たちはメールで情報を交換しながら、関係を維持しました。互いに信頼関係ができると、彼は私をＷＣＣの大切な行事に招待してくれました。国際的な行事に四回も招かれ、韓国の教会や世界宣教について発表しました。また私は、彼を通してほかの大切な人々とも出会うことができました。大切な一人に出会うことによって、ただその一人にとどまるのではなく、その人の持つ豊かな人脈資源にもつながることができるのです。ですから私は海外に行くと、だれが影響力のあるリーダーであるかを把握して、その人との関係を開発するために努力します。このように、皆さんの対人関係や社会性によって、影響力とリーダーシップの範囲を広げることができます。

ではどのようにすれば、対人関係を広げて、社会性を開発することができるのでしょうか。イエス様の言葉から答えを得ることができます。マタイの福音書七章一二節に「それで、何事でも、自分にしてもらいたいことは、ほかの人にもそのようにしなさい。これが律法であり預言者です」とあります。私が先にほかの人に仕えるとき、人々の心をつかむことができます。まさに相手に対する関心と配慮が大切な鍵なのです。アメリカで車のセールスマンとして、十一年間販売一位を記録したジョージ・ラドは、セールス界の伝説的な人物です。彼は十二年間で十三万台の車を売りました。世界で一番偉大なセールスマンとして、ギネスブックにも載りました。彼の成功の理由は、販売後の顧客管理にありました。彼は車を買ってくれたお客さんに、毎年感謝の手紙を送るのはもちろん、定期的に車の状態や顧客の安否を尋ねる内容の手紙を送りました。顧客が手紙の内容を見ないまま、ゴミ箱に入れることがないように、封筒の大きさや色にもこだわりました。このように人々を得る方法は、相手を配慮し、関心を持って、気を配ることにあります。

私の人生の標語の一つは「ほかの人を成功させる人になろう」です。社会性の開発は、人々を利用して自分が成功するためのものではありません。ほかの人を真に支え、その人を成功させるためのものです。ほかの人に神様の夢の種をまいて、建て上げることです。ほかの人を成功させると、自分も本当の意味で成功することができるのです。他人を大切にして成功させるとき、四次元のセルフ・リーダーシップが開発されます。

健康のために体を鍛錬しよう

リーダーには、体力も大切です。私は神学校時代には、体力の大切さを学ぶことができませんでした。ところが、いざ現場に出ると、体力がどんなに大切かを実感しました。私たちは死後、魂だけではなく、体もよみがえるのです。復活されたイエス様の体は、食べ物を食べたりすることのできる普通の体であると同時に、壁を通過することもできる聖なる体でした。三次元の形であると同時に、四次元の力を持っている体でした。私たちが死んだ後、体は火葬にされて灰になっても、全能なる神様はその灰を全部集めて、栄光の体にしてくださいます。神様は私たちの霊魂だけではなく、体も救ってくださるのですから、体も大切にするべきです。神様が私に体を任せてくださったのですから、見張り人の意識を持って、よく管理すべきです。

ある人体博物館の展示品の中で、二つの肺を比較して提示したものがありました。一つは白い肺で、もう一つは黒い肺でした。白い肺はよく管理した健康な肺で、黒い肺は肺がんで亡くなった人の肺でした。タバコが原因でした。私はそれを見ながら「自分の目で自分の体の中を見ることができたらいいな」と思いました。タバコを吸うときに自分の肺がどんどん黒くなっていくのが見えたなら、タバコを吸いたくなる人はいないでしょう。人間は愚かで、目に見えなければ信じないのです。空気が見えないからと言って、ないわけではないでしょう。クリスチャンの中にもタバコを吸う人がいますが、それは神様から与えられた体を正しく管理しているとは思えません。もちろん信仰が弱く、タバコやお酒を摂取することもあるでしょうが、霊的に成熟すると、これらすべてに関心や興味がなくなることも多いのです。

体力は、関心と訓練を通して強化されます。大学時代、私は筋力トレーニングを熱心にしたことがありました。授業が終わると、体育館に行ってベンチプレスをしました。三十五キログラムから始め、六十五キログラムまで持ち上げるようになりました。それ以外にも、腕立て伏せや腹筋運動などを行ったので、体形も良くなりました。軍隊に入る前には、それに備えて訓練をしました。備えてから軍隊に入ったので、訓練も思ったほどつらくありませんでした。今も私が健康である理由は、二十代に体の管理をきちんとしたからです。三十代に良く管理をすると四十代が健康になり、四十代に良く管理すると五十代が健康になります。

韓国の大田《テジョン》ジュンムンバプテスト教会のジャン・ギョンドン牧師は、集会や聖会に出かけることが多いので、車の中にバーベルやサッカーボールを常に入れておき、時間があるたびにサッカーをするそうです。私たちは時間がないからとよく言い訳をしますが、十分でも、二十分でも運動をするなら、基礎体力を維持することができます。また、ストレス管理もよくすべきです。肯定的に考え、問題があってもあまり悩まないことが大切です。ストレスを受けると、肉体的にいくら運動をしても、なかなか健康にはなれません。いつも明るく、笑顔で体の管理をすべきです。

自己開発において、テモテへの手紙第一の四章一五節の「これらの務めに心を砕き、しっかりやりなさい。そうすれば、あなたの進歩はすべての人に明らかになるでしょう」というみことばはとても大切です。私たちはこのみことばを心に刻んで、いつも成長する人になるように努力すべきです。

今まで私たちは、四次元のリーダーシップの開発原理について見てきました。私たちが真に神様のみこころにかなうリーダーとして立つことを願っているのなら、このすべてを成し遂げることができるような体を鍛え、忍耐して、さまざまな分野についても絶えず訓練して開発することがとても大切です。これを通して、私たちが神様の目的を成し遂げる指導者になるとき、この地上に神様の力があふれ、神様の栄光が現されることでしょう。

Thinking

黙想と実践

考えてみよう

1. 霊性、知性、人格、社会性、体力を開発するための具体的な計画を考えてみましょう。

2. 自分に一番大きな影響力を与えた本はどんな本で、その理由は何でしょうか。考えてみましょう。

3. 相手の心を開く秘訣があるとしたら、それは何か考えてみましょう。

4．自分の体を鍛錬するために、どのような努力ができるか考えてみましょう。

Practice

実践しよう

人格訓練の目標を定めて実践すること

リーダーは何よりも自分の人格を整えるべきです。人格の中に神様の恵みが注がれるからです。自分に足りない徳目を一つ決めて、時間を定めて改善のために努力してみましょう。

証しと例話

自己管理のためにむちを取ったマルティン・ルター

宗教改革運動の指導者としてドイツ国民の熱い支持を受けたマルティン・ルターは、改革を成功させて教会を新しくしたばかりでなく、世界史の中で新たな時代が訪れるように導いた人でもあります。

彼は若いころ修道院で生活をしたことがありました。当時の修道院の生活はとても厳しいものでした。それに加え、ルターは自分の小さな失敗も赦せない性格でした。彼は修道院で断食して祈り、聖書を読むことで、神様と近くなることを願いました。そんなある日、朝の礼拝時間にルターの姿が見えません。皆が心配して言いました。

「ルターは怠けているのか」

「何かあるのか」

「何をしているのか、行ってみよう」

修道士たちは礼拝の後、ルターの部屋に行きました。ドアを開けて中に入った人がびっくりして、大声を上げました。

「大変だ。ルターが血だらけになって倒れている」

「どういうことだ！」

「死んでいるのか！」

何とルターは、むちを手にしたまま倒れていたのです。一人が様子を見てみると、まだ息がありました。皆でルターをベッドに運んで、治療をしました。時間がたって、ルターの意識が戻りました。

「いったい何があったのか」

ルターは一言も答えませんでした。

「話してみなさい。何があったのか」

くり返し聞くと、やっと口を開きました。

「恥ずかしいことです」

「恥ずかしいことでも。言ってみなさい。何があったんだい？」

ルターは静かに話し始めました。

「大学を卒業するとき、私の父に婚約するように言われたことがあります。まだ一度も会ったこともない女の人なのに、今日いきなりその人に会いたくなって、勉強ができなくなってしまったのです。そこで、自分を治めるためにむちを打ちました」

ルターはこのように、自己管理を徹底的にした人でした。もちろん、とても極端な例ですが、自己管理に忠実な人が素晴らしいリーダーになれるということを教えてくれる良い例です。自分に与えられたタラントをさらに大きくして神様の御前にささげたとき、神様はその人に祝福を与えてくださるのです。私たちに与えられた力と才能をさらに開発すると同時に、常に罪から遠ざかることは、神様に用いられるリーダーになるための必須条件です。

エピローグ

天の召命に向かって

ある女の人が夢を見ました。市場に行って新しくオープンした店に入りました。その店のオーナーは神様でした。

「何を売っていますか」

そう聞くと神様はこう答えました。

「あなたの心が願うものは何でも売っています」

女は最高の物を買いたいと思いました。

「心の平和と愛と幸せと知恵、それから、恐れからの自由を下さい」

神様は笑顔で言いました。

「申し訳ありませんが、あなたは店を間違って入ったようですね。このお店では実は売りません。種だけを売っているのです」

この話は、リーダーシップの開発について、とても大切な真理を悟らせてくれます。神様は私たち一人一人に、リーダーシップの夢という種を下さいました。私たちがこの種に水を与え、肥料を与えながら献身するとき、神様は育てて実を結ばせてくださるのです。皆さんがこの本で提示した四次元のリーダーシップの七つの開発原理を訓練したら、神様は皆さんの人生と働きに豊かな実を結んでくださるのです。

　私たちは、天の召命に向かって出て行く人たちです。私たちは単純に三次元の時間と空間に制限されているのではありません。私たちは四次元に属している、霊的な人です。ですから神様の考えを心に抱き、神様の信仰のエネルギーを持ち、神様の光を心に抱いて、感様の言葉を使うとき、四次元の霊性のリーダーになれます。そして聖霊の力と権勢に拠り頼み、四次元の霊性と実力を継続的に訓練し、開発するとき、神様の偉大な使命者として

エピローグ

天の召命に向かって

用いられるのです。四次元のリーダーシップを通して、私たちは神様の考えに従って考えるようになり、神様が願っておられることを願うようになり、神様が愛しておられることを愛するようになり、神様の夢を成し遂げるリーダーになれるのです。

二十世紀の預言者と言われるトーザー（A.W.Tozer）は、一生神様を求めた人でした。彼は十九歳の時、聖霊の満たしを経験した後、人生を神様にささげました。その後、彼は神様の深い臨在を求めました。また聖霊との深い交わりだけが、神様の臨在の火を起こすということを固く信じました。しかしトーザーが求めたものは、ただ聖霊の満たしの現象だけではありませんでした。彼は聖霊の中で自分自身を訓練し、開発することに力を尽くしたのです。

彼は常に神様のみことばを研究し、図書館に行って本をたくさん借りて読みました。また彼は黙想の中で自分を開発し、メッセンジャーとしての言葉の能力を向上させるために有名な作家の本も読みました。聖霊に捕らえられ、神様の召命を全うするという夢のために、自分を徹底的に訓練しました。

このように霊性開発と自己訓練に力を尽くしたトーザーは、神様の偉大な御手に捕らえられたリーダーになりました。彼がみことばを宣べ伝えるたびに、人々の心がリバイバルされました。特に聖霊に関するメッセージは、人々の心が聖なるやけどをするほど恵みがあふれました。一生の間、聖霊の炎の中に生き、四十冊の本を書いたトーザーは、今日たくさんのクリスチャンに霊感とビジョンを与えています。

エピローグ

天の召命に向かって

文学が好きだった彼は、次の詩をよく引用しました。ゲルハルト・テルシュテーゲン（Gerhard Tersteegen）が書いた『巡礼者の詩』です。

われらは主の足跡に従う
われらの足が引き裂かれてもかまわない
主がしるしをつけたわれらの行くべき道
たくさんのいばらのとげがある
われらを見て、われらに聞き、
われらに配慮する者はいないが、
われらをあざけり、軽蔑する者は大勢いる
われらに何の関心もない彼らだが、
ただわれらの賛美の声は、彼らに聞こえる
おお、神の子どもたちよ！

絶えず前進せよ

私たちも信仰の先輩たちに従って、天の召命に向かって出て行く巡礼者の一人です。神様の夢に向かって出て行くとき、さまざまな苦難もありますが、主は私たちとともにおられるのです。ですから、絶えず前進するべきです。自分自身を鍛練し、キリストの満ち満ちた身たけに達するまで成長すべきです。

神様がこの本を読む皆さん一人一人を、偉大なリーダーとして立てられ、祝福することを願います。私たちは皆、天の光に従い、天の召命に向かって信仰で前進しましょう。

夢をかなえるリーダーシップ

―― 四次元の人の7シークレット

2009年2月16日　初版発行

著　者　　ホン・ヨンギ
訳　者　　関サンジュン
発　行　　トランスフォーメーション・グロース
発　売　　小牧者出版
〒300-3253　茨城県つくば市大曽根3793-2
TEL: 029-864-8031
FAX: 029-864-8032
E-mail: saiwai_sub@agape-tls.com
ﾎｰﾑﾍﾟｰｼﾞ: www.agape-tls.com

乱丁落丁は、お取り替えいたします。　Printed in Japan.

ISBN978-4-904308-03-5